Wolfgang Bühne, Hrsg.

Ruhe der Rastlosen

Aussteiger berichten

CLV
Christliche
Literatur-Verbreitung e. V.
Postfach 1803 · 4800 Bielefeld 1

Verlag und Schriftenmission der
Evangelischen Gesellschaft
für Deutschland
Wuppertal

1. Auflage 1983
2. Auflage 1984
ISBN 3-87857-180-1 (EGFD)

Postfach 1803, 4800 Bielefeld 1
Umschlag: Eberhard Platte
Druck und Bindung:
Elsnerdruck GmbH,
Berlin
Printed in Germany

Inhalt

»Kommet auch ihr her,
denen man den Aufenthalt angewiesen
zwischen den Gräbern,
die ihr tot seid
für die Gemeinschaft der Menschen,
aber nicht vermißt seid und nicht betrauert –
nicht begraben und dennoch tot,
das heißt, weder dem Leben zugehörend
noch dem Tode;
ach, ihr, vor denen
die menschliche Gemeinschaft
sich grausam verschlossen
und für die sich dennoch kein Grab
barmherzig aufgetan:
auch ihr kommet her,
hier ist Ruhe,
und hier das Leben!«

Sören Kierkegaard

Alois Wagner:

Bis zum Ende des Regenbogens

Null: Talking New York (1982)

»Ich schlenkerte meine alte Gitarre,
Sprang in eine U-Bahn-Karre,
Und nach einer schlingernden ratternden Fahrt
Bin ich wieder rausgetrabt:
Greenwich Village«[1]

Es war schon spät am Nachmittag, als wir die Fifth Avenue Richtung Greenwich Village hinunterschlenderten. Wir wollten noch vor Einbruch der Dunkelheit mit der Staten-Island-Fähre von der Südspitze Manhattans nach Staten Island und zurück fahren. Bald waren wir am Washington Square angelangt, dem Zentrum von New Yorks Künstler- und Bohèmeviertel Greenwich Village.

Ich fühlte mich eigenartig. Hier, am Washington Square – ich konnte meinen Begleitern genau den Vorsprung der Steinbrüstung zeigen, an dem ich damals gesessen war – hatte ich vor achteinhalb Jahren eine Begegnung gehabt. Eine Begegnung, die mein Leben verändern sollte. Mein Denken und Handeln, mein Fühlen und Wollen, meine Gegenwart und Zukunft, ja selbst meine Vergangenheit sollte völlig umgestürzt werden.

Eigentlich war es nur eine Begegnung mit einer alten Frau, und eigentlich hatten wir direkt kein einziges Wort gewechselt und eigentlich hatte ich diese Begegnung sofort wieder vergessen – für eine Zeit . . .

[1] Bob Dylan 1962 (Übers.: C. Weissner)

»Jetzt komm schon, es wird bald dunkel!« Meine Schwester und mein Schwager wollten weiter zur Staten-Island-Fähre und hatten wenig Verständnis für das, was mich mit diesem Platz verband. So ließen wir den Washington Square und sein Menschengewoge hinter uns. Die Sonne stand tief, und wir hatten noch ein gutes Stück zu gehen.

Eins: I'm so restless (1960 – 1970)

»He, Herr D(ylan), soll ich vielleicht
ein Bauer, ein Cowboy, ein Typ vom Land sein,
der morgens aufsteht, sein Tagwerk verrichtet,
und all seine Sorgen hinter verschlossenen Türen läßt,
bei seinem Mädchen liegt und Gitarre spielt?
O ich weiß, was du meinst, und es hört sich gut an,
aber, Herr D., ich bin so ruhelos.

He, Herr L(ennon), soll ich vielleicht schreien,
den Mond anheulen, wenn ich den Boden unter den Füßen verliere,
allen Besitz weggeben, zu mir selbst finden,
ein Muster geistiger und körperlicher Gesundheit?
Aber mir reicht es bis heute noch von diesem Indientrip,
und ich weiß was du meinst, und es klingt wirklich gut,
aber, Herr L., ich bin so ruhelos.«[2]

Mönstetten ist ein kleines schwäbisches Bauerndorf und hat seinen Charakter in den letzten 30 Jahren nicht wesentlich verändert. Dort wurde ich 1953 geboren und dort habe ich als ältestes von sechs Kindern auf dem Hof meiner Eltern die ersten zehn Jahre meines Lebens verbracht.

Meine Erinnerungen gehen bis ins vierte Lebensjahr zurück. Drei Dinge haben mir in dieser Zeit Angst und Entsetzen eingeflößt: Eine uhrwerkgetriebene Katze aus Blech, mein Onkel Leopold in seinem uniformartigen grünen Jagdanzug und eine überlebensgroße Holzfigur »Christus an der Martersäule« im Empfangssaal des barocken Pfarrhofes in Zaisertshofen, wo mein Großonkel Alois Mendle als katholischer Pfarrer residierte.

Die Katze ist auf irgendeinem Müllplatz wohl längst verrostet, mein Onkel Leopold ist immer noch passio-

[2] Roger McGuinn 1973

nierter Jäger, hat sein Faible für grüne Jagduniformen inzwischen aber abgelegt, und mein Großonkel Alois Mendle ist nicht mehr in Zaisertshofen, sondern in Pension und betet den Fernexorzismus über mich.

Ich kann eigentlich nicht sagen, daß diese drei deutlich im Gedächtnis haftenden kindlichen Erfahrungen der Angst irgendwie ein Signal setzten für eine spätere extreme Lebensangst – im Gegenteil, ich habe mich selbst (was natürlich keineswegs objektiv ist) immer als relativ fröhlicher und optimistischer empfunden als meine Freunde und Mitschüler und habe ihre bis hin zu Depressionen gehenden Ängste nie richtig nachvollziehen können.

Andererseits wurde ich schon früh von einer fiebrigen Unruhe getrieben, war nie mit meinen Lebensumständen zufrieden, wollte immer mehr (und wußte doch nicht, wovon), immer etwas anderes, eine tiefere Befriedigung (doch kann ich mich nicht erinnern, je befriedigt gewesen zu sein), ein bleibenderes Glück (doch war ich nie wirklich glücklich). Ich war bestimmt und geprägt, ja war erkrankt an einer drängenden, pulsierenden, jagenden Rastlosigkeit, mit der ich dem Ende des Regenbogens nachlief.

Ich meine damit jene in vielen Variationen überlieferte Geschichte, in welcher erzählt wird, daß am Ende jedes Regenbogens ein Topf voll Gold steht, genau dort, wo er die Erde berührt. Man muß nur ausdauernd genug sein, um bis zum Ende zu gehen. Natürlich glaubt man bald, das Ziel greifbar nahe vor Augen zu haben, um dann enttäuscht festzustellen, daß der Regenbogen sich anscheinend verlagert hat und wohl erst hinter der nächsten Hügelkette die Erde berührt.

Und so wiederholt sich das Spiel, so lange, bis der desillusionierte Schatzsucher jeden Glauben an die Existenz von Goldtöpfen am Ende von Regenbogen aufgegeben hat. Manche, um nicht zu sagen die meisten, brauchen dazu bis an ihr Lebensende.

»Welchen Gewinn hat der Mensch bei all seiner Mühe, womit er sich abmüht unter der Sonne? Ein Geschlecht geht, und ein Geschlecht kommt; aber die Erde besteht ewiglich. Und die Sonne geht auf, und die Sonne geht unter; und sie eilt ihrem Orte zu, wo sie aufgeht. Der Wind geht nach Süden und wendet sich nach Norden; sich wendend und wendend geht er, und zu seinen Wendungen kehrt der Wind zurück. Alle Flüsse gehen in das Meer, und das Meer wird nicht voll; an den Ort, wohin die Flüsse gehen, dorthin gehen sie immer wieder. Alle Dinge mühen sich ab: niemand vermag es auszusprechen; das Auge wird des Sehens nicht satt, und das Ohr nicht voll vom Hören.

Und was irgend meine Augen begehrten, entzog ich ihnen nicht; ich versagte meinem Herzen keine Freude, denn mein Herz hatte Freude von all meiner Mühe, und ich wandte mich hin zu allen meinen Werken, die meine Hände gemacht, und zu der Mühe, womit ich wirkend mich abgemüht hatte: Und siehe, das alles war Eitelkeit und ein Haschen nach Wind; und es gibt keinen Gewinn unter der Sonne.

Denn was wird dem Menschen bei all seiner Mühe und beim Trachten seines Herzens, womit er sich abmüht unter der Sonne? Denn alle seine Tage sind Kummer, und seine Geschäftigkeit ist Verdruß; selbst des Nachts ruht sein Herz nicht.«
Salomo[3]

»Auf Dich hin sind wir geschaffen, und ruhelos ist unser Herz, bis es Ruhe findet, Gott, in Dir«
Aurelius Augustinus[4]

[3] Pred. 1, 3–8; 2, 10.11.22.23

[4] Augustinus, Bekenntnisse

Diese Ruhelosigkeit machte sich schon mit neun oder zehn Jahren bemerkbar. Ich hatte mit sieben oder acht Jahren eine Leidenschaft fürs Lesen entwickelt (mein erstes Buch nach dem Lesebuch der ersten und zweiten Klasse war Jeremias Gotthelfs »Schwarze Spinne« – eine nicht gerade erbauliche Lektüre für einen Achtjährigen) und fand bei meinen Eltern kaum Bücher, die meinen dahingehenden Appetit hätten stillen können. Auch sonst begann das dörfliche Leben irgendwie seine Reize zu verlieren. Ich war voller Unrast und Langeweile und sehnte mich nach etwas Neuem.

So war es für mich alles andere als unangenehm, als meine Eltern (unterstützt vom Lehrer und Dorfpfarrer und nicht zuletzt von meinem Pfarrer-Großonkel) beschlossen, mich auf die Höhere Schule zu schicken und damit auf das Bischöfliche Knabenseminar, einem kirchlichen Internat in Dillingen, etwa 20 km entfernt.

Endlich würde ich meinen Horizont erweitern, so träumte ich, würde das eintönige Dorfleben mit dem interessanteren Stadtleben vertauschen, würde nicht mehr am Nachmittag zur Arbeit auf dem Feld herangezogen werden können und würde vor allem jede Menge Bücher aus Schul-, Internats- und Stadtbibliotheken ausleihen und manche besonders gute sogar kaufen können. Dies war alles, was man zum Glück brauchte; mein Leben würde endlich von Ruhe, Zufriedenheit und beschaulichem Genuß bestimmt sein – dachte ich.

Wie konnte ich ahnen, daß ich diesen Traum noch oft träumen, und ebenso oft enttäuscht werden würde, und daß aus den Scherben eines zerbrochenen Glücks nur neue, brennendere, unstillbarere Sehnsüchte zum Leben erweckt werden würden?

Die Schule machte mir keine Mühe. Ich hatte sogar einen gewissen Spaß an Latein und später an Geschichte, und das Elternhaus vermißte ich kaum, ausgenommen die väterliche Werkstatt.

Aber mit zwölf Jahren hatte ich zum ersten Mal einen Traum von einem Mädchen, einen Traum, wie ich ihn nie zuvor geträumt hatte. Als ich erwachte, hatte ich daher auch Gefühle, wie ich sie nie zuvor gekannt hatte. Von einem Tag auf den anderen hatte ich plötzlich, wenn auch verschwommen und dunkel, eine Vorstellung davon, was man Liebe nennt, diese unergründliche Triebfeder so vieler menschlicher Handlungen, von der ich bisher nur gelesen und gehört hatte. Ich war also verliebt. Das Ende des Regenbogens, das ich greifbar nahe zu haben glaubte, war wieder einmal, wie später so oft, in unendliche Ferne gerückt. Denn es versteht sich von selbst, daß diese Sehnsucht jetzt unerfüllbar bleiben mußte. Was interessiert sich schon eine fünfzehnjährige junge Dame für die Träume eines pausbäckigen Zwölfjährigen?

Einige Jahre gingen ins Land mit manchem Frühling und Herbst, mit manchem Erwachen und Enttäuschtwerden und erneutem Erwachen von bittersüßen Gefühlen – und trotz literarischen Kultivierens dieser Sehnsüchte wurden sie immer drängender – und schließlich war der pausbäckige Zwölfjährige ein ungelenker Sechzehnjähriger geworden, dessen Haar lang genug und dessen Taschengeld ausreichend war um mit einem dieser zauberhaften Geschöpfe im Arm die Hauptstraße entlang zu schlendern . . .

Aber meine Gedanken waren in diesem Augenblick, ehrlich gesagt, plötzlich ganz woanders, wahrscheinlich bei der nächsten Klassenarbeit, für die ich nichts gelernt hatte, und schließlich tat mir auch noch der Arm weh und ich steckte meine Hand in die Hosentasche. Die Verlagerung des Regenbogens in weite Ferne registrierte ich schon gar nicht mehr.

Zwei: Let me die in my footsteps (1970 – 72)

»Ich werd mich nicht in die Erde verkriechen,
Bloß weil man mir sagt, es kämen Tod und Verderben,
Und man wird mich nicht auf allen Vieren sehn,
Dem Tod werd ich aufrecht entgegengehn.
Ich will aufrecht sterben,
Bevor ich unter der Erde verschwinde.

Laßt mich das Wasser der Bergbäche genießen,
Laßt den Duft wilder Blumen durch meine Adern fließen,
Laßt mich schlafen auf Wiesen in einem Meer von Blüten,
Laßt mich den Highway entlanggehen mit meinem Bruder in Frieden
Ich will aufrecht sterben,
Bevor ich unter der Erde verschwinde.«[5]

Im Juni 1970 (ich war inzwischen siebzehn und aus dem Internat ausgetreten, hatte viele Freunde und war fast jeden Abend weg) schaute ich an einem wunderschönen Vormittag durchs Fenster und betrachtete die Bäume draußen: sie hatten Leben und eine Menge mehr davon als unser Biologielehrer, dessen einschläfernden Vortrag darüber ich gerade über mich ergehen lassen mußte.

Ich fragte mich, was ich eigentlich im Klassenzimmer zu suchen hatte. Nein, mein Platz war draußen, dort, wo geliebt, gelitten, gekämpft und gelebt wurde, nicht hier, wo darüber doziert und problematisiert, wo theoretisiert und analysiert wurde. Ich würde nicht mehr Regisseur, sondern Schauspieler sein, nicht Autor, sondern Held des Dramas. Ich hatte lange genug über das Leben nachgedacht – nun würde ich es praktizieren. »Grau ist alle Theorie, doch grün des Lebens goldner Baum« (daß diese Worte von Mephisto stammen, habe ich erst später, fast zu spät erfahren).

[5] Bob Dylan 1963 (Übers.: C. Weissner)

Ich packte also kurz vor Schuljahresende meinen Rucksack und trampte los in Richtung Westen. Ich hatte beschlossen, das Leben zu praktizieren als Hippie, Gammler, Abenteurer, Parasit, Landstreicher, oder wie immer man sonst dazu sagen möchte.

Das Wetter war freundlich und ebenso die Autofahrer und ich verbrachte einige Zeit in Südfrankreich und Spanien und nach fünf Wochen wollte ich über die deutsche Autobahn nach Holland reisen um ein wenig Geld zu verdienen. Das wurde mir zum Verhängnis, denn ich wurde inzwischen polizeilich gesucht, an der Grenze bei Basel verhaftet und zu meinen Eltern zurückgeschickt. Ein etwas deprimierender Anfang für mein »praktiziertes Leben« – aber ich war damals noch unerfahren und würde den gleichen Fehler nicht noch einmal machen.

Zunächst ging ich weiter auf die Schule und im Auf und Ab der täglichen Leiden und Freuden verlor ich das Ende des Regenbogens irgendwie aus den Augen. Doch plötzlich fing es wieder an zu leuchten, heller als je zuvor. Zwei Erlebnisse führten dazu.

Wir lasen im Französisch-Unterricht die Geschichte André Gides vom verlorenen Sohn: Dort kommt der ältere Sohn desillusioniert von seinem Abenteuer zurück und wird ein gehorsamer Knecht seines Vaters. Er läßt allmählich die Sehnsucht in seiner Brust ersterben, die ihn einst von zu Hause weggeführt hatte. Eines Nachts nun möchte auch der jüngere Sohn weglaufen und verabschiedet sich von seinem älteren Bruder. In einem sehr bewegten Gespräch offenbart dieser ihm, daß sein größter Fehler war, zurückzukommen und sich von dem eintönigen Alltagsleben wiederum gefangennehmen zu lassen, von dem er einmal ausgebrochen war. Er beschwört seinen jüngeren Bruder, nicht so weichlich und feige zu sein, wieder zurückzukehren, sondern tapfer auf seinem Weg des Ausbruchs aus den Normen standzuhalten, um dadurch Erfüllung zu finden. Es ist verständlich, wie deutlich ich mich in dem älteren Sohn wiedererkannte, und ich fragte mich bange, ob noch die Kraft des jüngeren Sohnes in mir wäre, um einen zweiten Ausbruchsversuch durchzustehen.

Das zweite Erlebnis war ein äußerst beeindruckendes Feature über Arthur Rimbaud im Fernsehen. Ich beschäftigte mich in dieser Zeit (Herbst 1971) gerade mit den französischen Symbolisten Baudelaire, Verlaine, Mallarmé – und eben Rimbaud. Aber nicht seine Gedichte beeindruckten mich so sehr, sondern vor allem sein Leben. Mit fünfzehn hatte er bereits Weltliteratur geschrieben, zum Beispiel »Le bâteau ivre« und andere Gedichte, und mit neunzehn antwortete er auf eine Frage, warum er keine Gedichte mehr schreibe: »Je ne pense plus à ça!«[6], worauf er bald Frankreich verließ und als Waffenschmuggler nach Nordafrika ging, wo er mit 38 Jahren starb.

Ich war in der Abschlußklasse des Gymnasiums und im kommenden Frühling würde ich Abitur machen, aber ich war wie besessen von dem Gedanken, keinen Kompromiß zu schließen und nicht eine Woche länger in der Schule zuzubringen. Sie belastete mich zwar nicht, aber das Ganze schien mir eine grenzenlose Zeitvergeudung.

Während wir im Unterricht über das Leben diskutierten und theoretisierten, wurde es anderswo gelebt. Ich rechnete schon damals ziemlich fest damit, jung zu sterben (die Devise der Rock-Kultur war und ist ja: »Live fast, love hard, and die young«[7]) und hatte ziemliche

[6] »Ich denke nicht mehr an das Zeug«

[7] »Lebe schnell, liebe intensiv, stirb jung«

Angst, zuviel meiner Zeit vergeudet zu haben. »Laßt uns essen und trinken, denn morgen sterben wir« sagt der griechische Komödiendichter Menander in »Thaïs«, ein Zitat, das von Paulus im 1. Korintherbrief aufgenommen wird (15, 33).

»Laßt mich das Wasser der Bergbäche genießen,
Laßt den Duft wilder Blumen durch meine Adern fließen,
Laßt mich schlafen auf Wiesen in einem Meer von Blüten,
Laßt mich den Highway entlanggehen mit meinem Bruder in Frieden.
Ich will aufrecht sterben,
Bevor ich unter der Erde verschwinde.«

Aber vielleicht war ich doch zu feige, jedenfalls verschob ich meinen Einstieg ins wirkliche Leben auf später, und ich schloß die Schule, sei es aus Rücksicht auf meine Eltern und Verwandten, sei es aus einem doch noch vorhandenen Sicherheitsbedürfnis, mit dem Abitur ab.

Nun ergaben sich aber schon in der Zeit davor einige Fragen. Jeder sprach natürlich mit den anderen über seine beruflichen Ziele und seinen weiteren Weg, und auch mir wurden diese Fragen nicht erspart. Der Versuch einer Antwort, um die ich verständlicherweise reichlich verlegen war, brachte mich jedesmal in eine peinliche Zwickmühle. Wie hätte ich auch irgend jemand, selbst meinen engsten Freunden, erklären können, daß ich vorhatte, ein Gammler, ein Vagabund, ein Abenteurer zu werden, daß mir der »educated penniless rake«[8] von Jack Kerouac als Berufsziel vor Augen stand?

Dazu kam, daß ich in dieser Zeit gemustert worden war und meine Einberufung zur Bundeswehr bevorstand. Das hätte für mich damals bedeutet, den Kriegs-

[8] »Der gebildete, geldlose Wüstling«

dienst zu verweigern (darüber war ich mir schon lange im klaren), aber den ganzen damit verbundenen Arbeitsaufwand hätte meine Bequemlichkeit gerne umgangen.

Doch bald kam mir eine geradezu geniale Idee: Ich würde allen mitteilen, daß ich katholischer Priester werden wollte – und dadurch alle meine Probleme mit einem Schlag los sein. Die Frage nach meinem Berufsziel würde ich beantworten können, ohne mit der Wimper zu zukken, und meine Anmeldung am Priesterseminar würde einen bischöflichen Brief an das Kreiswehrersatzamt zur Folge haben, daß ich mich auf das geistliche Amt vorzubereiten gedenke und deshalb vom Wehrdienst freigestellt werden müsse.

Und genau so kam es. Natürlich dachte ich, daß ich während der langen Sommerferien schon längst über alle Berge sein, »das Wasser der Bergbäche genießen und den Duft wilder Blumen durch meine Adern fließen lassen« und nie und nimmer zum Theologiestudium antreten würde. Aber genau so kam es nicht.

Zunächst aber genoß ich einige unbeschwerte Monate bis zum Schulabschluß (der einzige Druck in dieser Zeit war meine Mitarbeit an der Abiturzeitung), der recht zufriedenstellend war. Auch an die darauffolgenden Sommermonate, wo ich auf dem elterlichen Hof und bei einer Gleisbaufirma arbeitete, habe ich recht positive Erinnerungen.

Aber dann war es endlich Zeit, ganze Sache zu machen. Mit einem Freund trampte ich nach Hamburg, ließ mir ein Seediensttauglichkeitszeugnis ausstellen und wollte auf einem Frachter nach Amerika anheuern. Aus Gesprächen mit Seeleuten, die am Seefahrtsamt herumsaßen, wurde mir aber klar, daß jeder, der in einem fremden Hafen vom Schiff wegläuft (das hatten wir nämlich in Amerika vor), auf eine ›Schwarze Liste‹ bei der Handelsmarine gesetzt und jede Hoffnung auf eine zukünftige Beschäftigung in den Wind schreiben kann. Das aber wollten wir durchaus nicht riskieren.

Wieder zu Hause, bemühte ich mich um einen billigen Charterflug in die Vereinigten Staaten, was aber nie Erfolg zeigte – und so kam eines Tages ein Brief vom Bischöflichen Ordinariat in Augsburg, daß ja nun bald das Semester beginne und daß man sich auf mich schon freue undsoweiter.

Da stand ich nun, reichlich belämmert, wie der Albatros auf den Schiffsplanken umhertappt, fast unfähig sich vom festen Untergrund zu erheben, weil seine Flügel dafür zu lang geraten sind. Es blieb mir nichts anderes übrig als mich den gegenwärtigen Gegebenheiten zu fügen, wenn ich auch meine langflügeligen Pläne nicht stutzen lassen wollte.

Irgendwie überstand ich das erste Semester (meine Verwandten, besonders mein Großonkel, waren natürlich hocherfreut über den Weg, den ich eingeschlagen hatte, wie sie meinten) und dann klappte es in den Semesterferien endlich mit dem billigen Charterflug nach Amerika. Eigentlich hatte ich vor, nicht mehr zurückzukommen. Ich hatte eine herrliche Zeit dort, schloß viele Freundschaften, konnte mich endlich sättigen an der unendlichen Weite des Landes und dem Gefühl grenzenloser Freiheit und Ungebundenheit – kurz, all meine langgehegten Wünsche und Sehnsüchte schienen sich endlich zu erfüllen. Aber dann kam ich nach San Francisco, der schönsten Stadt der Welt, dem Mittelpunkt der Beatniks der fünfziger, der Hauptstadt der Hippies der sechziger Jahre – und etwas zerbrach in mir.

Drei: Sign on the cross (1973)

»Ich versuche, oh so lange schon
Und ich versuche nur, zu bestehn.
Und jetzt, oh jetzt ist's eine Goldgrube,
Doch es ist so schön.
Ja, doch inzwischen weiß ich genau,
Wir sind alle so irregeleitet,
Und es ist dieses alte Zeichen am Kreuz,
Das mir Sorgen bereitet.

Als ich ein kleines Kind noch war,
Da sah ich schon, was ich sein wollte,
Als ich dieses Bildnis sah,
Es blieb mir nicht verborgen.
Doch ich war hoffnungslos verloren,
Als ich die Tür zuschlagen hörte,
Und dieses alte Zeichen am Kreuz
Macht mir immer noch Sorgen.

Well, dieses alte Zeichen am Kreuz,
Well, dieser alte Schlüssel zum Königreich,
Well, dieses alte Zeichen am Kreuz,
Wie du, so manche Nacht.

Doch wenn ich mit erhobenem Kopf dasteh
Und meine alten Freunde vorbeigehen seh,
Ist es immer noch das Zeichen am Kreuz
Das mir Sorgen macht.

Well, das Zeichen am Kreuz, das muß es wohl sein. Jeden Tag, jede Nacht seh ich das Zeichen am Kreuz da oben auf dem Berg. Ja wir dachten, es sei schon längst nicht mehr da, doch ich sage euch, Freunde, ich fürchte, es liegt immer noch da oben. Ja, ihr sagt vielleicht: nur ein bißchen Zeit, dann wirds schon gehn; aber da bin ich mir nicht mehr so sicher, denn der Vogel ist erschienen, und ihr wollt vielleicht hineingehen, aber es kann natürlich sein, daß die Tür verschlossen ist. Aber ich möchte euch nur sagen, wenigstens dieses eine Mal: wenn ich euch nicht mehr wiedersehe, die Sache ist die – das Zeichen am Kreuz ist vielleicht das, was ihr am meisten brauchen werdet.

Ja, das Zeichen am Kreuz
Ist nichts als ein Zeichen an einem Kreuz.
Well, jeder Betrug hinterläßt ein Mal,
Aber jedes Eintreten für eine Sache setzt ein Zeichen.
Oh, wenn eure, wenn eure Tage gezählt sind
Und eure Nächte werden lang und arg,
Dann denkt ihr vielleicht, ihr seid schwach,
Doch ich sage euch, ihr seid stark.
Ja, das seid ihr, wenn dieses Zeichen am Kreuz
Dann beginnt, euch Sorgen zu machen.«[9]

Ich kam nach San Francisco wie der Pilger nach Mekka. Endlich würde ich die Stadt Jack Londons sehen, die Stadt Allen Ginsbergs und Jack Kerouacs, die Stadt, wo die beste Musik der Welt gespielt wurde.

Ich wohnte bei Hippies in Ashbury Street knapp 100 m von der Kreuzung mit der Haight Street entfernt. Aber der Zauber, der »Haight-Ashbury« (oder, in Anspielung auf den Drogenkonsum, »Hashbury«) noch vor einigen Jahren gekennzeichnet hatte, schien gänzlich verflogen. Ich hatte selber wie ein Hippie leben wollen, weil mir das zwar nicht gerade als das beste, aber doch immer noch als das am wenigsten sinn- und glücklose Leben erschien. Und nun sah ich diese jungen Menschen, diese »drop-outs«, Aussteiger aus Schule und Gesellschaft, die ich immer als Nukleus einer neuen, glücklicheren Menschheit angesehen hatte, wie sie selber sinn- und ziellos lebten, wie diese Vorhut einer neuen Gesellschaft als Parasiten der »alten« Gesellschaft gelangweilt dahinvegetierte – wie sie, um ein biblisches Bild zu verwenden, wirklich wie Schafe waren, die

[9] Bob Dylan 1971 (Übers.: Carl Weissner)

keinen Hirten haben, ohne Führung, ohne Nahrung, dem langsamen Hungertod preisgegeben. Ich war grenzenlos enttäuscht. Meine Lebensphilosophie war jämmerlich zerbrochen.

Aber dann erfaßte mich auch Mitleid mit diesen Menschen. Und dann – zum ersten Mal in meinem Leben – kam mir der Gedanke, daß es vielleicht doch sinnvoll und sogar beglückend sein könnte, sein Leben im Dienst für andere einzusetzen. Und dann faßte ich den Entschluß, mein Rückflugticket auszunutzen und vorerst mein Studium fortzusetzen, um dann eventuell Lehrer oder Sozialarbeiter oder vielleicht sogar Priester zu werden, um solchen gestrandeten Menschen, wozu ich beinahe selber gehört hätte, eine Hilfe sein zu können. Etwas war in mir zerbrochen, aber etwas Neues begann aufzukeimen.

Vor dem Rückflug verbrachte ich einige Tage in New York. Und dort, am Washington Square, hatte ich diese entscheidende Begegnung, von der ich eingangs berichtete.

Am Washington Square sitzen (zumindest in der wärmeren Jahreszeit) den ganzen Tag viele Musiker herum und oft ergibt sich ein improvisiertes Zusammenspiel von Blues-, Folk- und Bluegrassmusikern. Ich saß dort eines Nachmittags mit einer Gruppe zusammen und wir sangen verschiedene Folksongs und Arbeiterlieder. Während einer Pause stand plötzlich eine alte Frau da und fragte, warum wir denn unser Leben so vergeudeten und in den Tag hinein lebten und uns keine Gedanken über die Zukunft machten, denn Jesus würde wiederkommen und wir müßten vor ihm Rechenschaft ablegen.

In der Hand hielt sie einige Flugblätter, die sie uns zur gründlicheren Lektüre gerne schenken wollte. Viel konnte sie jedenfalls nicht sagen, denn kaum hatte ich sie als irgendeine »Sektiererin« eingeschätzt, da sagte ich zu meinen Freunden: »Wie wäre es, wenn wir der alten Lady ein Lied singen würden, zum Beispiel ›Pie in the Sky‹?«

Nun muß man wissen, daß ›Pie in the Sky‹ ein ganz beißendes Spottlied auf Straßenprediger, vor allem der Heilsarmee, ist. Es wurde von dem schwedischen Einwanderer und Gewerkschaftsgründer Joseph Hillström geschrieben, der viele christliche Lieder nach Melodie und einem Teil des Textes (vor allem der Reime) übernahm und sie dann mit einem anderen Inhalt füllte. Das Original ›There's a land that is fairer than day‹ (in Deutschland bekannt unter ›Es erglänzt uns von ferne ein Land‹) wird so zu einer scharfen Anklage gegen die Christen, die angeblich für die irdischen Nöte der Arbeiter keinen Blick hätten und sie mit einer »billigen« Vertröstung auf das Jenseits abspeisen würden.

Mein Vorschlag wurde akzeptiert und so verspotteten wir lauthals die alte Frau mit diesem Lied. Sie hörte es fast bis zum Ende an und schaute mich währenddessen nicht feindselig oder verbittert, aber einfach traurig an. Kurz vor Schluß ging sie weg.

Bald hatte ich die Sache vergessen, eineinhalb Jahre lang. Dann war ich selber Christ geworden und stand selber mit christlichen Flugblättern (oder »Traktaten«, wie man sagt) auf der Straße und durfte mir auch gelegentlich den Spott anhören, den ich früher ausgeteilt hatte. Und ich bin überzeugt (natürlich habe ich keine objektiven Beweise), daß diese Frau es war, die für mich, den damaligen Spötter und Rebellen, zu Gott gefleht hat, um mich zur Umkehr zu bringen. Ich habe diese alte Frau bis heute nicht mehr wiedergesehen. Aber ich bin überzeugt, daß ich sie wiedersehen werde, in jenem Land, das uns jetzt noch »von ferne erglänzt«, das aber bald meine und ihre Heimat sein wird – und dann werde ich ihr danken können.

Nach den Erlebnissen in San Francisco (die Geschichte in New York hatte ich zunächst vergessen) kehrte ich also voller Enthusiasmus nach Augsburg zurück und hatte zum ersten Mal seit Jahren wieder richtig Freude am Studieren. Meine Begeisterung wurde entscheidend verstärkt durch einige Tage geistlicher Einkehr, die ein Priester aus München leitete. Dieser verstand es, das Christentum auf eine so lebendige Weise und doch mit allen Konsequenzen darzustellen, so daß ich zum ersten Mal erahnte, daß hinter der literarischen, historischen und rituellen Fassade, die ich kannte, vielleicht doch so etwas wie ein lebendiger und wahrhaftiger Gott sein könnte. Ich erinnere mich noch genau, wie dieser Priester eines Abends über Lukas 22, 25–27 sprach:

»Er aber sprach zu ihnen: Die Könige der Nationen herrschen über dieselben, und die Gewalt über sie üben werden Wohltäter genannt. Ihr aber nicht also; sondern der Größte unter euch sei wie der Jüngste, und der Leiter wie der Dienende. Denn wer ist größer, der zu Tische Liegende oder der Dienende? Nicht der zu Tische Liegende? Ich aber bin in eurer Mitte wie der Dienende.«

Diese Worte wurden an jenem Abend so lebendig, prägten sich so in meinem Herzen ein, als ob sie der Nazaräer selbst zu mir gesprochen hätte.

Vor allem die Worte »Hymeis de ouch houtos« (»ihr aber nicht also«) waren es, die mir bis heute als ständiger Refrain im Herzen geblieben sind. Damals bekam ich eine erste leise Ahnung von dem, was heute, nachdem ich über acht Jahre mit dem Herrn gehen durfte, beglükkendes Wissen ist: daß diese von den Großen der Welt, den »Königen der Nationen« so verachtete »Karriere« eines Jüngers Jesu Christi, eine Laufbahn in Niedrigkeit und Schmach und Selbstaufgabe, in Wirklichkeit das größtmögliche Glück für Zeit und Ewigkeit ist.

Jedenfalls ging ich, immer noch stark unter dem Eindruck des »Hymeis de ouch houtos«, um Mitternacht in die Kapelle des Priesterseminares, legte mich mit dem Gesicht nach unten auf das Steinpflaster (das Pathetische an dieser Situation wurde mir erst später bewußt) und sagte im Gebet zu Gott (obwohl ich noch nicht einmal völlig sicher war, ob Er überhaupt existierte), daß ich Ihm von diesem Augenblick an mein Leben völlig und rückhaltlos zur Verfügung stellen wollte. Er sollte daraus etwas zum Dienst für Ihn machen, ganz gleich, was es mich kosten würde.

Die Erinnerung hat immer die Tendenz, vergangene Dinge zu beschönigen oder zu »verbessern«; das gilt für den Bericht, den ich hier schreibe, und erst recht für solche Detailerlebnisse wie oben geschildert. Ich versuche deshalb einigermaßen kritisch zu sein und mir nicht nachträglich Gedanken und Empfindungen zu unterschieben, die ich zur damaligen Zeit einfach nicht gehabt habe. Dennoch ist natürlich ein hohes Maß an Subjektivität leider nicht auszuschließen.

Soweit ich mich erinnern kann, war dies damals wirklich mein aufrichtiges Gebet, wenn es auch vielleicht oberflächlich war, weil ich mir über die Konsequenzen, die auf mich zu nehmen ich so forsch versprochen hatte, erschreckend wenig (d. h. gar keine) Gedanken gemacht hatte.

In meinem damaligen Denken war es für mich selbstverständlich, daß ich Gott am besten als katholischer Priester dienen könnte, und so widmete ich mich mit vollem Herzen geistlichen Aktivitäten und dem Theologiestudium, das für mich bis dahin nur ein Vorwand gewesen war.

Mein Verhältnis zu Vorgesetzten und Professoren und auch zu vielen Mitstudenten verbesserte sich dadurch deutlich. Der Höhepunkt meiner »geistlichen Laufbahn« kam, als ich an einem hohen Festtag im Fond der bischöflichen Limousine als Dolmetscher zwischen unserem und einem nigerianischen Bischof die dichtgesäumte Maximilianstraße entlang vom Dom zur Ulrichsbasilika fahren durfte. Ich war voller Freude und Energie, hatte ich doch, wie es schien, das Ziel gefunden, für das alles rückhaltlos einzusetzen sich lohnte, und der Weg dahin lag mir klar vor Augen. Ich hatte den Topf voll Gold am Ende des Regenbogens eigentlich schon greifbar in Händen. Und das hätte mich eigentlich mißtrauisch machen sollen . . .

Vier: Just a season (1973 – 74)

»Wäre es der Sinn aller meiner Tage, Hügel zu ersteigen
Und dann sinnlos umherzukreisen,
wäre alles, was ich bin, nur Zeitvertreib:
Mein Leben wäre nur eine Jahreszeit.

Kühne Träume und törichte Pläne,
Und Mädchen überall
Ich war jung, und kein Lied wurde gesungen,
Das nicht interessant geklungen hätte.
Ich hatte meinen Spaß mit einem scheuen Mädchen,
Und spring vielleicht auf einen Güterzug auf,
Und schau zu ihr zurück,
Wie sie im Regen steht.

Schmutzige Hände und Imbißstuben
Und Geld wie Heu
Ich trieb Handel, nur um zu wissen, wie man sich fühlt,
Wenn man mehr bekommt, als man selber gibt.
Ich hatte meinen Spaß mit dem Glücksspieler
Und bluffte ihn mit meinem Gesicht
Und meinen Drinks für jedermann
In der Kneipe.

Tobende Massen und Mummenschanz,
Und Menschen, die wahnsinnig werden,
Ich konnte immer genau sagen, was sich in ihren Köpfen abspielte,
Das war ziemlich interessant.
Ich hatte meinen Spaß in der Stierkampfarena
Und habe nie eine Schramme abbekommen
Es war wirklich nicht schwierig,
Ein Star zu sein.

Wäre es der Sinn aller meiner Tage, Hügel zu ersteigen
Und dann sinnlos umherzukreisen,
Wäre alles, was ich bin, nur Zeitvertreib:
Mein Leben wäre nur eine Jahreszeit.«[10]

[10] Roger McGuinn 1970

Die Energie und Freude an geistlichen Aktivitäten, die den Frühsommer 1973 kennzeichnete, währte nicht lange. Einige Wochen, allerhöchstens drei Monate, dann war alles verblaßt. Auch mein deprimierendes Erlebnis in San Francisco und ebenso der damit verbundene Entschluß waren wie weggeblasen. Ich nährte wieder die gleichen Gedanken wie früher, wurde von der gleichen rastlosen Unruhe, den gleichen undefinierbaren Sehnsüchten umhergetrieben wie früher.

In dieser Zeit begann ich aus purer Langeweile nachts auf Güterzügen als blinder Passagier zu fahren, wie ich es bei Jack London und Jack Kerouac gelesen hatte. Meine Unruhe wurde so groß, daß ich im Winter 1973/74 (wieder einmal) alles auf eine Karte setzte. Ich trampte nach Amsterdam und verdiente mir als Straßenmusiker und Hilfsarbeiter bei Dr. Oetker das Geld für ein Hinflugticket nach New York, wo ich Anfang Februar ankam.

New York ist zu keiner Jahreszeit eine angenehme Stadt, aber im Winter ist die mörderische Kälte besonders unangenehm. Außerdem wurde mir schon am ersten Tag das bißchen Geld gestohlen, das ich noch übrig hatte. Die Mutter eines Bekannten pumpte mir zehn Dollar. Mit fünfen davon kaufte ich mir ein Greyhoundbus-Ticket aus dem Straßengewirr New Yorks heraus nach Easton, Pennsylvania, und mit dem Rest trampte ich nach Kalifornien, wo die Sonne warm und die Menschen freundlich waren.

So hatte ich mir das Leben immer vorgestellt: Durch die mehr oder weniger freiwillig auferlegte Erfahrung von Entbehrung und Mangel wollte ich selbst die einfachsten Dinge wie Nahrung und Wärme umsomehr schätzen lernen.

So mußte ich im Februar in Westvirginia einmal auf

dem Betonboden einer wandlosen Scheune auf freiem Feld schlafen, mit leeren Kunstdüngersäcken als Unterlage und Decke.

Ein anderes Mal übernachtete ich in einer Scheune zwischen Hochdruckpreßballen, die hart waren wie Stein.

Einmal brach ich in ein verlassenes Farmhaus ein – dort gab es zwar Betten, aber die überall herumliegende dicke Staubschicht ließ mich eher husten als schlafen. Und was den Hunger betrifft: Ich erinnere mich an mehrere Gelegenheiten, wo ich nachts Abfallkörbe durchsuchte oder in Mexico City einmal in ein Restaurant ging, die auf den benützten Tellern übriggebliebenen Brötchen- und Brotreste blitzschnell in die Tasche steckte und unauffällig das Weite suchte.

Es ist erstaunlich, wie sehr sich ein Mensch erniedrigen kann, um seine grundlegendsten Bedürfnisse zu stillen. Andererseits aber kann ich auch heute noch sagen, daß ich sehr dankbar bin für jede Scheibe Brot, die vor mir auf dem Tisch liegt, und wie sehr ich es schätze, auch nur ein paar Decken oder einen zerschlissenen Schlafsack zu haben, der mich die Nacht einigermaßen überstehen läßt. »Wenn wir aber Nahrung und Bedeckung haben, so wollen wir uns daran genügen lassen«, sagt das Neue Testament.[11]

Jedenfalls war die darauffolgende Zeit in Kalifornien ein ziemlich krasser Gegensatz. Ich lebte in Thousand Oaks nördlich von Los Angeles bei einer sehr freundlichen und großzügigen Familie, den Eltern eines Mädchens, das ich kennengelernt hatte.

In dieser Zeit, dem Frühsommer 1974, hatte ich an äußeren Annehmlichkeiten eigentlich alles, was man sich

[11] 1. Tim. 6, 8

für gewöhnlich wünscht: Vormittags lag ich in der Sonne am Swimming-Pool und las in aus der Stadtbibliothek geliehenen Büchern, nachmittags machten wir (oft auch ich allein) Spaziergänge oder Ausflüge in die nahegelegenen Canyons, und nach einem immer reichhaltigen Abendessen gingen wir auf Parties, oder ich legte einen Studier- und Meditationsabend ein, um nicht ganz zu veröden. Zwischendurch arbeitete ich zwar, aber das war eher eine Beschäftigungstherapie als wirkliche Notwendigkeit.

So begehrenswert dieses Leben vielleicht scheinen mag, man kann sich doch leicht vorstellen, daß niemand so etwas lange aushalten kann. Man wird nämlich mit der Zeit richtig krank davon. Allmählich fühlte ich mich wie in dem sprichwörtlichen goldenen Käfig und wurde immer unruhiger.

In dieser Zeit entdeckte ich in der Gegend eine katholische Kirche; dadurch erwachte eine religiöse Ader in mir, und ich ging längere Zeit täglich zur Messe – in der verschwommenen Hoffnung, wieder einen festen Punkt in meinem Leben zu finden. Es entwickelten sich freundschaftliche Beziehungen zu manchen Kirchenbesuchern und auch zu den Pfarrern, und ich wurde häufig eingeladen. Ich erntete manches Kompliment über meine angebliche »Lebenserfahrung«, meine »Einsicht in existentielle Zusammenhänge« und so fort – und dabei schwindelte ich den guten Leuten irgendwelche Geschichten über mich zusammen und fühlte mich bei alledem trotzdem so furchtbar jämmerlich und elend.

O ja, ich konnte gut über diese oder jene Lebensanschauung theoretisieren, ich konnte sogar meine eigene Unfähigkeit, mein Versagen diesen Idealen gegenüber zugeben – und das wurde mir dann als »Bescheidenheit« und »gesunde, kritische Selbsteinschätzung« ausgelegt.

In Wirklichkeit war ich hochmütig und zynisch – hochmütig aus Angst und zynisch aus Verzweiflung. Ich konnte es mir einfach nicht leisten, das im Hintergrund ständig lauernde Gespenst der Leere und Sinnlosigkeit auch nur ein bißchen an Boden gewinnen zu lassen, und Verachtung und Zynismus anderen gegenüber mußten dazu als Schutzmaßnahme herhalten.

Das Lied »Just a Season« drückt ziemlich gut mein Leben in dieser Zeit aus, könnte aber auch als Überschrift über mein ganzes früheres Leben stehen. Ich hatte in der Arena des Lebenskampfes bisher nie eine richtige Schramme abbekommen, alles war mir in den Schoß gefallen, wie von selbst waren mir Anerkennung und Wertschätzung zugeflossen – und doch habe ich all das nur zum Zeitvertreib verwendet, indem ich andere hereinlegte und sie hinterrücks für mich ausnutzte, weil ich oft »genau wußte, was sich in ihren Köpfen abspielte«. Ich hatte meinen Spaß mit diesem und jenem Mädchen gehabt und sie dann im Regen stehen lassen. Wie oft habe ich gesagt: »Ich liebe dich« – und dabei, bewußt oder unbewußt, gedacht: »Ich liebe mich, und will dich dazu ge- bzw. mißbrauchen«.

In jener Kirche lernte ich auch Susan kennen, die, wie ich erst viel später gemerkt habe, wirklich von ganzem Herzen Christ war. Leider verliebten wir uns, erst sie sich in mich, dann ich mich in sie. Aber sie war die einzige, die mich durchschaute und das einzig für mich Richtige tat: Sie ließ mich einfach stehen. Das war damals sehr bitter für mich, aber heute bin ich ihr dafür dankbar.

Zu all diesen Schwierigkeiten kam noch, daß meine Aufenthaltsgenehmigung für die Vereinigten Staaten ablief. Alles schien mich dazu zu drängen, Kalifornien zu verlassen und nach Mexiko zu gehen. So stand ich denn eines Tages Ende Juni am Ventura Highway und trampte nach Süden über die Grenze nach Tijuana. Langsam aber sicher trieb ich der entscheidenden Krise meines Lebens entgegen.

Fünf: Señor (Tales of Yankee Power) (1974)

»Señor, Señor, sag mir, wohin die Reise geht,
Nach Lincoln County Road oder Harmageddon?
Ich glaub, ich war auf diesem Weg schon mal,
Ist da wohl was Wahres dran, Señor?
Señor, Señor, weißt du, wo sie sich versteckt hält,
Wie lange wir noch reiten müssen,
Wie lange ich meinen Blick noch auf die Tür heften muß?
Wird es dort wirklich Trost geben, Señor?

Ein böser Wind bläst immer noch auf dem Oberdeck,
Ein Kreuz aus Eisen hängt immer noch um ihren Hals.
Eine Militärkapelle spielt immer noch
auf dem verlassenen Grundstück,
Wo sie mich einmal in den Armen hielt und sagte:
»Vergiß mich nicht!«
Señor, Señor, ich kann den bemalten Wohnwagen sehen,
Kann den Schwanz des Drachens riechen,
Ich kann die Spannung nicht mehr aushalten.
Kannst du mir sagen, an wen ich mich hier wenden soll, Señor?

Nun, das letzte, woran ich mich erinnere,
bevor ich mich auszog und hinkniete,
War dieser Zug voll Narren,
der in einem Magnetfeld steckenblieb.
Ein Zigeuner mit zerrissener Flagge und blitzendem Ring
Sagte: »Junge, das hier ist kein Traum mehr,
das ist nackte Wirklichkeit!«
Señor, Señor, ihre Herzen sind hart wie Leder,
Gib mir eine Minute, um mich zusammenzunehmen,
Ich muß mich nur erst vom Boden hochziehen,
Ich bin bereit, wenn du es bist, Señor.

Señor, Señor, werfen wir diese Tische um,
Reißen wir diese Kabel aus den Verbindungen!
Dieser Ort hat für mich jeden Sinn verloren.
Kannst du mir sagen, worauf wir noch warten, Señor?«[12]

[12] Bob Dylan 1978

Dieses Lied (eine Anspielung auf die Bücher Carlos Castanedas über den Yaqui-Schamanen Don Juan und seine Peyote- und Meskalinmysterien; der Untertitel eines Buches lautet »Tales of Yaqui Power«) mit seiner mexikanischen Tönung schildert auf eindringliche Weise eine heraufziehende Krise, wie sich alles einengt und auf eine gewaltige Entscheidung hindrängt, eine Entscheidung, die von völligem Umsturz und dem Abbrechen alter quälender Verbindungen gekennzeichnet ist. Auch meine entscheidende Krise ereignete sich in Mexiko und halluzinogene Pilze und ein indianischer Schamane spielten dabei ebenfalls eine gewisse Rolle.

Vorerst aber war ich auf Güterzügen unterwegs nach Süden. Ich hatte wieder einmal alles hinter mir gelassen, und ein interessantes Land und interessante Begegnungen lagen vor mir. Jede Unruhe war verflogen. Ich fühlte mich unheimlich gut, auf einem Güterwaggon zusammen mit einigen mexikanischen Wanderarbeitern durch die wüstenartige Landschaft von Sonora zu schaukeln. Probleme gab es nur in den langen Tunnels der Sierra Madre, wo wir an den Auspuffgasen der Dieselloks manchmal schier zu ersticken drohten. Trotzdem hatten wir alle unseren Spaß, wenn ich auch damals noch kaum ein Wort Spanisch sprach.

Nach zwei Wochen gelangten wir schließlich nach Mexiko City. Zuerst lebte ich bei einer sehr armen Familie in erbärmlichen Verhältnissen, wo mir einmal sogar buchstäblich das Regenwasser in die Suppe tropfte. Zwischenzeitlich arbeitete ich als Maler von Firmen- und Reklameschildern, wie schon in Amerika. Ansonsten machte ich gezwungenermaßen den ganzen Tag nichts anderes, als intensiv Spanisch zu lernen.

Erst als ich mich einigermaßen ausdrücken konnte, sah ich mich in der Stadt um und konnte neue Bekanntschaften schließen. Ein kommunistischer Universitätsdozent führte mich auf lebendige Weise in die Gesellschafts- und Lebensstrukturen Mexikos ein, und auch bei einer Arztfamilie mit einem großen jugendlichen Bekanntenkreis hielt ich mich gerne auf. Meine ursprüngliche Gastgeberin sah das alles freilich mit gemischten Gefühlen – wir hatten uns trotz großer Gegensätze doch gut aneinander gewöhnt – und flehte eindringlich: »Recuerda te de los pobres, Luis! – Vergiß die Armen nicht, Luis!«

Aber Langeweile und Leere holten mich auch hier wieder ein, selbst in dieser Riesenstadt. Die alte Unruhe, die mich seit meinem neunten Lebensjahr verfolgte, machte sich wieder stärker bemerkbar. Kurz zuvor hatte mich eine Medizinstudentin nach Monterrey, 900 km nördlich von Mexico City, eingeladen, um dort bei ihr zu leben. Ich hatte mich schnell entschlossen: Am Montag würde ich ein Busticket nach Monterrey kaufen, und mein Fieber würde aufhören, wenigstens für eine Zeit.

An jenem Montagmorgen – ich wollte mittags wegfahren – saß ich in einem Park und spielte Mundharmonika. Meine langen Haare hingen mir dabei ins Gesicht, so daß ich ziemlich schlecht zu identifizieren war. Nur so ist es nämlich zu erklären, daß plötzlich jemand vor mir stand und mir fröhlich »Dios te bendiga! – Gott segne dich!« wünschte. Als ich aufblickte, wußte ich nicht, wer mehr erstaunt war – die brünette Sechzehnjährige, die mich aufgrund meiner Haartracht mit einem Bekannten verwechselt hatte, oder ich selbst, der ich am Tag meiner geplanten Abreise auf so ungewöhnliche Weise von einem wildfremden Menschen begrüßt wurde.

Das Mißverständnis war schnell geklärt. Tammy lud mich zu einem Milchshake in dem nahegelegenen Fruchtsaft- und Milchmixgetränkekiosk ein, wo sie und ihre neunzehnjährige Schwester Laura arbeiteten. Am selben Tag lernte ich an diesem Kiosk auch Don Lorenzo alias Lawrence Kramer kennen, einen ausgeflippten amerikanischen Kunstmaler zwischen fünfzig und sechzig, mehr oder weniger Zen-Buddhist, der in einem einfachen aber blitzsauberen Zimmer in der Nähe für seine umfangreiche Plattensammlung mittelalterlicher und frühklassischer Musik und von seinem Bruder, einem hohen Regierungsbeamten in Washington, lebte. Eine nicht unwesentliche Rolle für sein Leben in Mexiko spielte sicher auch das hochwertige und äußerst preisgünstige Marihuana, das man dort sogar auf öffentlichen Märkten kaufen konnte.

Laura und Tammy und auch Don Lorenzo schienen mir interessant genug, meine Reise nach Monterrey vorerst zu vertagen. Ich besuchte die beiden jeden Tag an ihrem Kiosk inmitten eines riesigen Marktes und merkte bald, daß ich es mit zwei ganz außergewöhnlichen Menschen zu tun hatte. Obwohl einfach und relativ ungebildet, strahlten sie einen Frieden, eine innere Harmonie aus, die sich auch konkret im Umgang mit ihren Kunden zeigte, und wie ich sie, soweit ich mich erinnern konnte, noch bei keinem Menschen in dieser Weise gesehen hatte.

Es ist schwer zu beschreiben, was mich an diesen beiden Mädchen so erstaunte, da sie ansonsten ganz gewöhnlich waren, weder übermäßig hübsch, noch übermäßig gebildet oder geistreich. Heute weiß ich, daß es auch den klugen Ratsherren und Regierungsbeamten von Jerusalem einmal so gegangen war, als sie zwei Nachfolger von Jesus Christus verhörten. »Als sie inne wurden«, heißt es im Neuen Testament, »daß es ungelehrte und ungebildete Leute seien, verwunderten sie sich; und sie erkannten sie, daß sie mit Jesus gewesen waren«.[13] Damals aber wußte ich noch keineswegs, daß die einzige Grundlage einer solch erstaunlichen Persönlichkeitsveränderung das »Mit-Jesus-Sein«, der innige, persönliche Kontakt mit dem gekreuzigten und auferstandenen Christus ist. Ich erinnere mich, daß ich damals sagte: »Wenn ich bei all meiner Mühe und meinem Suchen mit sechzig Jahren einmal halb so glücklich bin wie ihr mit euren knapp zwanzig, dann werde ich mein Leben als Erfolg verbuchen können.«

Natürlich fragte ich Laura und Tammy bald, was für eine Weltanschauung denn ihre Lebensgrundlage wäre. Als sie einfach antworteten, daß sie Christen seien, war ich zunächst enttäuscht. Christ war ich doch selber, meinte ich, und schließlich war ich lange genug auf der Schule gewesen und wußte über das Christentum ziemlich gut Bescheid, wie ich mir einbildete, und schließlich konnte das Christentum, das ich kannte, niemals eine solche Veränderung im Leben eines Menschen hervorbringen, wie ich sie vor mir sah.

Aber ich würde ihre wirkliche Philosophie schon noch herausfinden, dachte ich, über die sie sich vielleicht selbst gar nicht so richtig im klaren waren, wenn sie auch sehr lebendig und wirksam sein mußte, wie ich mich täglich selbst überzeugen konnte.

Aber wie ich auch nachbohrte, ich bekam immer nur zur Antwort: »Wir glauben an Jesus Christus, dem wir unsere Sünden bekannt und unser Leben ausgeliefert haben. Er hat am Kreuz alle unsere Sünden getragen, so daß wir dadurch Frieden mit Gott haben.« Und dieser Friede mit Gott, so sagten sie, würde sich auch ganz praktisch als Frieden und Glück in ihrem Leben auswirken.

[13] Apg. 4, 13

Nun, das war ja alles recht und schön, aber für mich war es denn doch zu einfach. Hatten sich nicht die größten Denker der Weltgeschichte jahrtausendelang die Köpfe darüber zerbrochen, wie ein Mensch wirkliches Glück und wirklichen Frieden finden könnte? Und nun sollte die Antwort so einfach, ja geradezu »primitiv« sein? Und doch – diese zwei Mädchen machten keine großen Worte. Sie selbst, ihr eigenes Leben, waren das beste Argument für ihre Lehre, ein Argument, das ich bei allen anderen Glückseligkeitstheorien bisher schmerzlich vermißt hatte. Diese funktionieren zwar im Labor, Hörsaal oder abgeschiedenen Kloster zuweilen ganz gut, können aber dem harten Dauertest des wirklichen Lebens nicht standhalten.

Endlich begann ich das Neue Testament zu lesen (ich muß gestehen, daß ich auch nach dreizehn Jahren Religionsunterricht, trotz bischöflichem Internat, trotz Priesterseminar und Theologiestudium das Neue Testament bis dahin noch kein einziges Mal durchgelesen hatte, von der ganzen Bibel erst recht zu schweigen!)

Nun las ich es mit ganz neuen Augen und mit wirklichem Interesse. Zwei Dinge erstaunten mich dabei ungemein: Erstens die Nüchternheit und historische Glaubwürdigkeit, mit der die Schreiber ihre Berichte verfaßt haben. Da war nichts von mythologischem Beiwerk zu verspüren, wovon meine Religionslehrer und Theologieprofessoren erzählt hatten. Da war auch nichts von der Beschönigung und Einseitigkeit zu merken, die ich von den antiken Schriftstellern gewohnt war, welche wir in der Schule gelesen hatten. »Dieweil ja viele es unternommen haben, eine Erzählung von den Dingen, die unter uns völlig geglaubt werden, zu verfassen, so wie es uns die überliefert haben, welche von Anfang an Augenzeugen und Diener des Wortes gewesen sind, hat es auch mir gut geschienen, der ich allem von Anfang an genau gefolgt bin, es dir, vortrefflichster Theophilus, der Reihe nach zu schreiben, auf daß du die Zuverlässigkeit der Dinge erkennest, in welchen du unterrichtet worden bist« beginnt Lukas sein Evangelium.[14]

»Denn wir haben euch die Macht und Ankunft unseres Herrn Jesus Christus nicht kundgetan, indem wir künstlich erdichteten Mythen folgten, sondern als die da Augenzeugen seiner herrlichen Größe gewesen sind« schreibt Petrus.[15]

Und Johannes berichtet: »Was von Anfang war, was wir gehört, was wir mit unseren Augen gesehen, was wir angeschaut und unsere Hände betastet haben, betreffend das Wort des Lebens; (und das Leben ist geoffenbart worden, und wir haben gesehen und bezeugen und verkündigen euch das ewige Leben, welches bei dem Vater war und uns geoffenbart worden ist;) was wir gesehen und gehört haben, verkündigen wir euch.«[16]

Und noch etwas zweites beeindruckte mich: Im Römerbrief steht geschrieben: »Da ist kein Gerechter, auch nicht einer; da ist keiner, der verständig sei; da ist keiner, der Gott suche. Alle sind abgewichen, sie sind allesamt untauglich geworden; da ist keiner, der Gutes tue, auch nicht *einer*«.[17]

Hier nahm zum ersten Mal jemand meinen ausgestreckten Zeigefinger, der immer schnell auf das Unrecht anderer hingewiesen hatte, und setzte ihn auf meine eigene Brust. Langsam dämmerte es mir, daß das Böse in der Welt nicht von irgendeiner unerklärlichen Ursache

[14] Luk. 1, 1–4
[15] 2. Petr. 1, 16
[16] 1. Joh. 1, 1–3
[17] Röm. 3, 10–12

von außen kommt, von irgendwelchen »Wirtschaftsstrukturen« oder »Machtmechanismen«, sondern von innen heraus, ja selbst aus meinem eigenen Herzen, wo alle Greuel und Verbrechen, die in dieser Welt je geschehen sind, im Prinzip und der Anlage nach schon im Keim vorhanden sind.

Das war eine niederschmetternde Entdeckung für mich, und meine Einstellung zur Bibel wurde zwiespältig: Einerseits hatte ich aus dem eben erwähnten Grund eine starke Abneigung, weil dieses Buch mich so schonungslos verurteilte, mich bis ins innerste Mark beunruhigte und meine Motive bloßlegte, andererseits aber spürte ich immer deutlicher, daß hier jemand mit Autorität zu mir sprach, der mir weder schmeicheln noch mich fertigmachen, sondern einfach liebevoll aber bestimmt den Finger auf die wunden Stellen in meinem Leben legen wollte, um mir deutlich zu machen:

»Das ganze Haupt ist krank, und das ganze Herz ist siech. Von der Fußsohle bis zum Haupte ist nichts Gesundes an ihm: Wunden und Striemen und frische Schläge; sie sind nicht ausgedrückt und nicht verbunden, und nicht erweicht worden mit Öl« und »Wir harren auf Licht, und siehe, Finsternis; auf Helle, aber in dichtem Dunkel wandeln wir. Wie Blinde tappen wir an der Wand herum, und wir tappen herum wie solche, die keine Augen haben; wir straucheln am Mittag wie in der Dämmerung. Wir sind unter Gesunden den Toten gleich. Wir brummen alle wie die Bären, und wir girren wie die Tauben. Wir harren auf Recht, und da ist keines; auf Rettung, aber sie ist fern von uns. Denn viele sind unserer Übertretungen vor dir, und unsere Sünden zeugen wider uns; denn unserer Übertretungen sind wir uns bewußt, und unsere Missetaten, die kennen wir: abfallen vom Herrn und zurückweichen von unserem Gott, reden von Bedrückung und Abfall, Lügenworte in sich aufnehmen und sie aus dem Herzen sprechen.«[18]

Inzwischen hatten mir Laura und Tammy übrigens angeboten, in ihrem Kiosk mitzuarbeiten und bei ihrer Familie zu wohnen. Sie besuchten mehrmals in der Woche einen Kreis junger Christen, wohin sie mich auch mitnahmen. Dort merkte ich, wie lebendig und wirksam Gottes Wort sein kann. Ich spürte den himmelweiten Gegensatz zwischen der Bibel als bloßem Gegenstand wissenschaftlicher Betrachtung und ihrer lebendigen Auslegung und Anwendung. Mir wurde langsam klar, welch verheerende Folgen es hat, wenn Lehrer, Pfarrer und Professoren sich anmaßen, über Versöhnung zu sprechen, und selber gar nicht versöhnt sind, über Wiedergeburt zu dozieren, und selber gar nicht wiedergeboren sind, über Rechtfertigung zu schreiben, und selber gar nicht gerechtfertigt sind, ja über Gott zu predigen, und selber keine lebendige, persönliche Beziehung zu Ihm haben.

Dort, in dieser Gemeinschaft junger Christen, welche die Bibel als ihren einzigen, aber auch vollgültigen und absoluten Maßstab hatten, lernte ich vor allem die eine, über Leben und Tod entscheidende Wahrheit: Daß Christus am Kreuz für alle Menschen gestorben ist, so daß jeder zu Ihm kommen kann, und daß ich ganz persönlich mit allen meinen Sünden und aller meiner Schuld zu Ihm kommen und sie Ihm bekennen kann. Ich darf dann wissen, daß Er sie für mich am Kreuz getragen hat, so daß ich vor Gott völlig rein und schuldlos dastehen kann, als hätte ich nie gesündigt oder mich schuldig gemacht.

Ein Vers, über den ich damals ständig nachdenken

[18] Jes. 1, 5+6; 59, 9–13

mußte, ist Johannes 5, 24: »Wahrlich, wahrlich, ich sage euch: Wer mein Wort hört und glaubt dem, der mich gesandt hat, hat ewiges Leben und kommt nicht ins Gericht, sondern er ist aus dem Tode in das Leben übergegangen.« Ich konnte es kaum fassen (abgesehen davon kann ich das auch heute noch nicht), daß jemand, der das Wort Christi hört und Seinem Gott und Vater glaubt, jetzt schon ewiges Leben haben und sich bewußt in der Gemeinschaft mit Gott freuen kann, denn es heißt ja »hat« und nicht »wird haben«!

Aber es besteht eben doch ein Unterschied, und zwar ein ganz entscheidender, ob ich um eine Sache nur *weiß*, oder ob ich auch danach *handle*. Nachdem ich die grundlegenden Dinge über Bekehrung zu Gott und Glauben an Jesus Christus einigermaßen theoretisch begriffen hatte, war ich noch nicht sofort bereit, auch danach zu handeln. In Wirklichkeit hatte ich nämlich noch gar nichts begriffen und war völlig blind für die Gnade Gottes. Denn instinktiv wollte ich mich zuerst selber bessern, um so mit einem gewissen »Anfangskapital« vor Ihn hintreten zu können, um Ihm zu zeigen, daß ich es schon wert wäre, von Ihm gerettet zu werden! Wie blind, töricht, selbstgerecht und eingebildet war ich.

Als aber einmal in der christlichen Gemeinschaft, die ich besuchte, ein junger Mann über die Heilung des Blindgeborenen (Joh. 9) sprach und sagte, daß es nur zwei Gruppen von Menschen gibt: solche, die blind und verloren sind, und solche, die sehen und gerettet sind, da wußte ich sofort, daß ich immer noch zur ersten Gruppe gehörte: »Wie Blinde tappen wir an der Wand herum, und wir tappen herum wie solche, die keine Augen haben; wir straucheln am Mittag wie in der Dämmerung. Wir sind unter Gesunden den Toten gleich.«

Eines Tages fragte mich Don Lorenzo, ob ich mit ihm

nach Teotitlan in der Provinz Oaxaca im Süden Mexikos fahren wolle. Meine christlichen Freunde warnten mich davor, weil sie wußten, daß Lawrence nicht primär der herrlichen Flora wegen nach Oaxaca fahren wollte, sondern wegen der »heiligen Pilze«, die es dort in einem bestimmten Indianerdorf gab. Das sind psilocybinhaltige halluzinogene Pilze, die eine ähnliche Wirkung wie LSD haben. Sie wuchsen nur in der Umgebung des Bergdorfes Huautla, wenn sie inzwischen auch in alle Welt exportiert worden sind. Nach der indianischen Legende sollen sie aus den Blutstropfen des Herrn entstanden sein, die bei Seinem Wandern über die Erde an diesem Ort zu Boden gefallen sein sollen. Für die in äußerst ärmlichen Verhältnissen lebenden Indios sind diese Pilze ein übernatürliches Geschenk, das ein wenig Farbe in ihren von Hunger und Existenzangst geprägten Alltag bringt. Sie essen diese Pilze in genau festgelegten nichtöffentlichen Zeremonien unter Leitung eines Schamanen. Ein solcher Zauberer war ein guter Bekannter von Lawrence.

Ich schlug jedenfalls alle Warnungen vor Lawrence und Huautla und den »heiligen Pilzen« in den Wind, sagte, daß ich alt genug wäre, um auf mich selbst aufzupassen, und fuhr mit Lawrence nach Oaxaca.

Nach einigen wunderschönen Tagen in Teotitlan (Lawrence hatte viele Bekannte dort, die ihn alle freudig bis ehrfürchtig begrüßten; später erfuhr ich, daß er einen gutgehenden Handel mit indianischen Antiquitäten betrieb, die ihm die Leute dort suchten, und die er dann mit tausendprozentigen Gewinnen in die Vereinigten Staaten verkaufte), wollte Lawrence nach Huautla fahren.

Ich hatte vor, in diesem paradiesischen Tal mit seinem betäubenden Blütenduft zu bleiben, aber schließlich überredete er mich doch und wir kletterten in den Bus, der uns über halsbrecherische Serpentinen die Berge hoch nach Huautla brachte. Eigentlich hatten wir ausgemacht, daß ich nur mal »so zum Sehen« mitkomme, aber Lawrence schlug mich auch dazu breit, an einer solchen Pilzzeremonie mit dem ihm bekannten Schamanen Don Domenico teilzunehmen. Ich gab schließlich nach, weil mir Lawrence dauernd auf die Nerven ging. Er war der Mensch, über den ich mich in dieser Zeit mit Abstand am zweitmeisten ärgerte (am meisten ärgerte ich mich natürlich über mich selbst).

Nun, die Nacht des Pilzrituals kam – und ging auch vorbei. Ich war heilfroh, mehr oder weniger unbeschadet unten in Teotitlan aus dem Bus steigen und wieder »den Duft wilder Blumen durch meine Adern fließen« lassen zu können.

Zurück in Mexico City hatte ich große Angst vor der Frage, ob ich »heilige Pilze« gegessen hätte, da ich doch versprochen hatte, es nicht zu tun. Als ich dann Laura und Tammy von der Reise erzählte, sprudelte ich über mit einer Fülle von Details über alles mögliche – nur damit sie den Eindruck bekämen, ich wäre nicht in Huautla gewesen, und ich hoffte, daß mir so die gefürchtete Frage erspart bleiben würde. Man kann natürlich auch lügen, ohne zu »lügen« . . .

Die Frage wurde mir übrigens nie gestellt. Aber als ich zwei Tage später mit einem Sack Orangen, die ich gerade gekauft hatte, zu unserem Kiosk zurückkam, merkte ich, daß Unheil in der Luft lag. Laura und Tammy hatten die Köpfe gesenkt und sagten mir ziemlich tonlos, Don Lorenzo wäre hier gewesen, er hätte noch einige Pilze mit nach Hause gebracht, die würde er gerne gemeinsam mit mir verzehren. Ich stand wie vom Donner gerührt.

Sechs: Saved (1974)

Ich war vom Teufel verblendet,
Geboren und schon ruiniert,
Eiskalt und mausetot,
Schon als ich aus dem Mutterleib kam.
Doch Seine Gnade hat mich berührt,
Sein Wort hat mich geheilt,
Seine Hand hat mich befreit,
Sein Geist hat mich versiegelt.
Und ich bin gerettet,
Gerettet durch das Blut des Lammes!
Und ich bin so froh, so froh,
Ich will Dir einfach danken, Herr!

Durch Seine Wahrheit kann ich aufrichtig sein,
Durch Seine Stärke werde ich durchhalten,
Durch Seine Macht wurde ich aufgerichtet,
In Seiner Liebe bin ich geborgen.
Denn Er hat mich um einen Preis erkauft,
Hat mich befreit aus der Grube
Voller Sinnlosigkeit und Schrecken
Und dem Feuer, das darin brennt.
Ja, ich bin gerettet . . .

Niemand kam, um mich zu retten,
Niemand wagte es!
Ich war drauf und dran, endgültig unterzugehen,
Aber durch Seine Barmherzigkeit wurde ich verschont.
Nicht durch Werke,
Sondern durch Glauben an Den, der mich berufen hat.
So lange schon bin ich behindert worden,
So lange schon bin ich gebremst worden.
Aber ich bin gerettet . . .«[19]

[19] Bob Dylan 1980
(Ich habe bis hierher die Lieder Dylans zitiert, weil sie treffend die jeweiligen Abschnitte meines Lebens beschreiben, ohne mich mit allen Aussagen und der Musik Dylans identifizieren zu wollen.)

Ich weiß nicht, ob mir in dieser Zeit etwas Unangenehmeres hätte passieren können. Die Menschen, die mir damals am meisten bedeuteten – ausgerechnet vor ihnen mußte ich als Lügner dastehen – das war fast zuviel für mich! Das Datum war Dienstag, der 1. Oktober 1974, und es war am späten Vormittag, etwa Elf oder Halbzwölf. Alle drei, Laura, Tammy und ich, verrichteten unsere Arbeit, bedienten Kunden, preßten Orangen aus, spülten Gläser, aber keiner sprach zu dem andern ein Wort, wir schauten einander nicht einmal an.

Aber mein Inneres, mein Verstand, mein Wille, mein Gefühl, alles arbeitete auf Hochtouren.

Was hatte ich früher in solchen Situationen gemacht? Wenn ich unterwegs war, machte ich mich einfach aus dem Staub, fuhr in eine andere Stadt, und versuchte so, meinem schlechten Gewissen davonzulaufen.

Wo das nicht so leicht möglich war, z. B. in der Schule, hatte ich mir schnell eine Maske zurechtgebastelt mit den Ingredienzen Lüge, Zynismus und Angeberei. Natürlich mußte ich mir im Laufe der Jahre viele solcher Masken anfertigen, und das Dumme dabei war nur, daß man die alten nicht wegwerfen konnte, weil eben urplötzlich gewisse peinliche Situationen kommen konnten, wo man die alten Lügengeschichten neu auftischen mußte, vielleicht notdürftig geflickt und ausgebessert. So sammelte sich im Lauf der Zeit ein Sack voll an – so stellte ich es mir wenigstens vor – angefüllt mit all den Lügen und Gemeinheiten, wo ich anderen etwas vorgemacht, sie hereingelegt und zu meiner eigenen Selbstdarstellung ausgenutzt hatte. An diesem Sack trug ich immer schwerer, und früher oder später würde er mir das Rückgrat brechen (mein moralisches Rückgrat bestand sowieso nur noch aus lauter Splittern).

Über diese beiden Alternativen – davonlaufen oder

eine neue Maske anfertigen – dachte ich angestrengt nach, als mir irgendwie eine dritte Möglichkeit bewußt wurde. Wie, wenn ich nun wirklich ernst machen und mit meiner ganzen Schuldenlast zu dem Gekreuzigten gehen würde? Hatte Er nicht selbst gesagt: »Kommet her zu mir, alle ihr Mühseligen und Beladenen, und ich werde euch Ruhe geben«?[20]. Ein Lichtstrahl fiel in das unbeschreibliche Chaos meines Herzens.

Mein ganzes Leben lief vor meinen inneren Augen ab. Ich sah deutlich die Schmerzen, die ich zugefügt, die tiefen Wunden, die ich geschlagen hatte. Ich sah meine Versäumnisse, sah, wie die ersten zwanzig Jahre meines Lebens einfach den Bach hinuntergeflossen waren, um nichts als schmutzige Spuren zu hinterlassen. Und in allem wurde mir deutlich, daß dies ja nur Symptome waren für meine eigentliche tödliche Krankheit, an der ich dahinsiechte: dem Getrenntsein von Gott, der die Quelle allen Lebens ist. Trotz aller scheinbaren Vitalität steckte in mir die Fäulnis des Todes, und eines Tages würde ich, wenn es so weiterging, den ewigen Tod ernten. Das war die eine Seite.

Auf der anderen Seite war die Möglichkeit der Vergebung meiner Schuld, der Befreiung aus meinen Lastern, der Wiedergutmachung meiner Versäumnisse, der Rettung vor der Verdammnis. Ein unsagbarer Kampf tobte in meinem Innern, während ich Gläser abspülte und diesem Kunden eine Erdbeer-, jenem eine Bananenmilch mixte. Ich wußte, heute war der Tag der Entscheidung. Entweder ich würde vor dem Herrn Jesus bedingungslos kapitulieren – und dafür ein Leben in ewiger Herrlichkeit erhalten, oder ich würde jetzt trotzig die Faust ballen – und die ewige Nacht wählen.

[20] Matth. 11, 28

Dieses Hin und Her und Für und Wider dauerte zwei oder drei Stunden, ich weiß es nicht mehr genau. Und ich weiß auch nicht, wie es kam, aber Hauptsache ist, daß es so kam, daß ich vor dem lebendigen Gott meine Waffen streckte.

Ich sagte zu Laura und Tammy etwa: »Ich habe euch angelogen, bitte vergebt mir!« Und dann brachte ich nichts mehr heraus außer Tränen.

Ich hatte schon jahrelang nicht mehr geweint, und jetzt hatte ich die Kontrolle über mich einfach verloren. Ich wollte dem Herrn Jesus einfach alles, alles sagen, mein ganzes verpfuschtes Leben vor Ihn hinbringen, aber ich fand einfach keine Worte mehr dazu. Ich weinte Tränen des Schmerzes über meine verlorene Vergangenheit, meine vergeudete Jugend, mein Leben ohne Gott. Aber ich weinte auch Tränen der Freude, der Freude darüber, daß ich meinen Gott persönlich als Heiland kennenlernen durfte, darüber, daß ich in Seiner Hand geborgen sein würde für Zeit und Ewigkeit.

In diesem Augenblick, wo ich nicht mit akustisch wahrnehmbaren Worten, aber doch ganz bewußt und willentlich mich selbst und mein ganzes Leben dem Herrn Jesus zu Füßen warf und Sein Erlösungswerk für mich persönlich in Anspruch nahm, bekam ich eine tiefe innere Sicherheit und Gewißheit, daß mich niemand und nichts je von Ihm würde trennen können. Er selbst verspricht ja: »Meine Schafe hören meine Stimme, und *ich* kenne sie, und sie folgen mir; und *ich* gebe ihnen ewiges Leben, und sie gehen *nicht* verloren ewiglich, und niemand wird sie aus meiner Hand rauben. Mein Vater, der sie mir gegeben hat, ist größer als alles, und niemand kann sie aus der Hand meines Vaters rauben.«[21]

[21] Joh. 10, 27–29

Meine Geschichte ist hier eigentlich zu Ende. Oder, besser gesagt, hier beginnt sie erst. An diesem Tag wurde ich nämlich, wie die Bibel sagt, »von neuem geboren«.[22] Auch als Christ mußte ich wie ein neugeborenes Kind anfangen, die ersten »Schritte« zu tun und mußte lernen, meinem Gott und Vater in allen Lagen zu vertrauen. Und dann durfte und darf ich auch allmählich die in Seinem Wort enthaltenen wunderbaren Gedanken und Pläne kennenlernen, um Ihm dafür Bewunderung und Anbetung zu bringen. Denn: »Was kein Auge gesehen und kein Ohr gehört hat und in keines Menschen Herz gekommen ist, was Gott bereitet hat denen, die ihn lieben; uns aber hat Gott es geoffenbart durch seinen Geist, denn der Geist erforscht alles, auch die Tiefen Gottes«.[23]

In diesem Sinn bin ich erst neun Jahre alt. Das ist eigentlich noch ziemlich jung. In dieser kurzen Zeit, die ich bisher mit dem Herrn gehen durfte, habe ich manche Höhen und Tiefen erlebt, aber die Gewißheit, in Gottes Liebe geborgen zu sein, die in Christus Jesus ist, unserem Herrn, ist durch nichts ins Wanken geraten, sondern von Tag zu Tag tiefer geworden.

»Wer wird uns scheiden von der Liebe Christi? Drangsal oder Angst oder Verfolgung oder Hungersnot oder Blöße oder Gefahr oder Schwert? Wie geschrieben steht: ›Um deinetwillen werden wir getötet den ganzen Tag; wie Schlachtschafe sind wir gerechnet worden‹. Aber in diesem allen sind wir mehr als Überwinder durch den, der uns geliebt hat. Denn ich bin überzeugt, daß weder Tod noch Leben, weder Engel noch Fürstentümer, weder

[22] Joh. 3, 3.5
[23] 1. Kor. 2, 9–10

Gegenwärtiges noch Zukünftiges, noch Gewalten, weder Höhe noch Tiefe, noch irgend ein anderes Geschöpf uns zu scheiden vermögen wird von der Liebe Gottes, die in Christo Jesu ist, unserem Herrn.«[24]

[24] Röm. 8, 35–39

Hildegard Weiler:

Irrweg einer Betrogenen

»Gott war eigentlich eine Göttin.« Der so überschriebene Artikel in einer Frauenzeitschrift drückte meine damalige Überzeugung deutlich aus.

Da hieß es etwa so: »Wie die jüngsten Forschungen und Ausgrabungen zu Tage brachten, glaubten die Menschen an eine weibliche Gottheit. Die Funde belegen, daß zu Beginn der Menschheit alle im Matriarchat lebten, in welchem den Frauen die Herrschaft zukam. Demzufolge glaubte man auch an eine weibliche Gottheit, die die Welt erschaffen hatte. Auch die Geschichte von Adam und Eva wurde ursprünglich umgekehrt überliefert. Doch als die Männer begannen, ihre körperliche Stärke auszunutzen, unterjochten sie die Frauen. Natürlich brauchten sie nun einen männlichen Gott, der ihren Vorstellungen von Macht, Kraft und Herrschen entsprach. Daher drehten sie im Laufe der Jahre die religiösen Geschichten um und ersetzten die Göttin mit einem harten, strengen Gott. Daher ist es auch nur logisch, daß z. B. in der Bibel soviel gegen uns Frauen geschrieben steht . . .«

Damals war ich tatsächlich fest davon überzeugt, daß, wenn wir Frauen mit unserem Durchblick das Sagen hätten, die Probleme in der Welt sofort gelöst werden könnten.

Ich war auch der Meinung, daß wir dieses Ziel mit Kampf, Streit und Heimzahlung erreichen müßten, um die Männerwelt zu demütigen. Und so zog ich zu einem

Rachefeldzug aus, um die Diskriminierung der Frauen in aller Welt zu sühnen . . .

Dabei hatte alles ganz »bieder« angefangen, denn ich bin als einziges Mädchen unter vier Brüdern in einer kath. Familie aufgewachsen.

Unsere Eltern legten großen Wert darauf, uns religiös zu erziehen. Ich weiß noch, daß ich als Kindergartenkind zur Erstkommunion ging, auf die Kinder sonst erst im 2. Schuljahr vorbereitet werden. Damals schon hatte ich eine große Freude, an diesem Abendmahl teilnehmen zu dürfen, weil ich glaubte, dort die engste Gemeinschaft mit Jesus zu haben. Mir ging es nicht darum, ein großes Fest zu haben, ein weißes Kleid und Geschenke. Denn, so dachte ich, was zählt dieser Klimbim schon gegenüber dem Geschenk, das der Sohn Gottes uns gemacht hat, indem er für unsere Sünden starb.

Später, im 2. Schuljahr, bekamen wir monatlich Hefte, in denen von der Auslandsmission oder von der »Diaspora-Arbeit« in den evangelischen Gebieten Deutschlands erzählt wurde.

Für mich stand fest: Hildegard, du gehst nach Afrika, Asien oder Südamerika und erzählst den Heiden die Frohe Botschaft, daß Jesus am Kreuz unsere ganze Schuld gesühnt hat, und daß keiner mehr in die Hölle muß, der das glaubt.

Und daß dieses jeder Heide freudig glauben würde, dessen war ich gewiß.

Ich erinnere mich auch noch genau daran, wie traurig ich wurde, als ich wieder einmal schmerzhaft die Erfahrung machte: Rothaarige bekommen einen Sonnenbrand und gegen Pocken war ich auch nicht geimpft. Wie konnte ich da in Afrika o. ä. arbeiten! Ich würde das ganze Jahr krank sein und nichts für Jesus tun können!

Aber was tun? In die Diaspora nach Osnabrück,

Hamburg, Berlin oder Bielefeld gehen? Nur weil die Menschen dort evangelisch sind?

Das schien mir Blödsinn zu sein! Die Evangelischen haben doch auch von Jesus gehört, und es ist doch egal, in welche Kirche man geht, dachte ich. Es geht um das Kreuz und was die Bibel lehrt!

Weil ich sicher war, im gesamten »Christlichen Abendland« keinen Heiden zu finden, war ich ratlos, was zu tun sei. Als Verkäuferin oder Friseuse – typische Traumberufe meiner Freundinnen – sah ich keine Möglichkeit, den Herrn Jesus zu verkündigen. Ich wollte hinaus und predigen, so etwa wie meine Namenspatronin Hildegard v. Bingen, die im Mittelalter missionierend durch Deutschland wanderte, das damals ja noch nicht vollständig christianisiert war.

Erst als dann feststand, daß ich Abitur machen sollte, sah ich wieder Land: Du wirst Religionslehrerin, weil du dann den Kindern viel von Jesus erzählen kannst.

Bis etwa zu meinem 14. Lebensjahr versuchte ich, ein Gott wohlgefälliges Leben zu führen. Ich wollte Gott auch keine Halbheiten anbieten. Mit Freuden ging ich zum Gottesdienst, um mehr von diesem wunderbaren Gott zu hören und zu lernen. Der Religionsunterricht war mir das liebste und wichtigste Schulfach, weil ich dort im Glauben wachsen konnte.

Gott half mir auch, schwierige Textstellen zu verstehen. Zum Beispiel hörte ich eines Sonntags in der Kirche den Satz: »Ich bin nicht gekommen, den Frieden zu bringen, sondern das Schwert« (Matth. 10, 34).

Dieser Satz beschäftigte mich zu Hause so sehr, daß ich ihn aufschrieb, ans Pinnbrett heftete und mir vornahm, den Religionslehrer zu fragen. In der Zwischenzeit dachte ich intensiv über diesen Satz nach und bat Gott, daß er mir Klarheit gäbe. Und noch vor dem nächsten

Religionsunterricht wußte ich, daß mit dem Schwert nicht Krieg gemeint ist, sondern daß Jesus Trennung meinte, notfalls auch von Freunden und der Familie, wenn diese mich hindern, für Gott zu leben und zu arbeiten.

Ich kann mich nicht mehr genau daran erinnern, wie ich zu dieser Einsicht kam, aber sehr wahrscheinlich durch die Bibel.

Für uns Katholiken war es damals nicht üblich, eine Bibel zu haben, aber ich danke Gott für seine Führung, daß in unserer Klasse die Bibel benutzt wurde. Ab und zu las ich auch zu Hause darin, aber leider zu wenig, und so war ich auch nicht gewappnet, als ich durch Lügen und Halbwahrheiten von Jesus weggezogen wurde.

Und Satan ging »behutsam« vor: Erst den Schulgottesdienst schwänzen und lieber Bravo lesen oder Matheaufgaben abschreiben. Dann ging ich Sonntags nicht mehr in die Kirche. Dazu kam der jugendliche Protest gegen die Kirche, die mir ja als Glaubenshüterin vorgestellt worden war. Schließlich wurde auch der Religionsunterricht anders: Wir lasen nicht mehr in der Bibel, sondern Sartre, Camus, Marx . . .

Fragen nach Gottes Allmacht wurden menschlich erklärt. Eines Tages z. B. kam die Frage auf, ob das mit der Empfängnis Marias wohl so gewesen ist, wie es in der Bibel steht. Unser Lehrer erklärte uns, daß die jüdische Verlobungszeit dazu diente, daß sich das Brautpaar auch körperlich kennenlernen konnte. Deshalb war es nach seiner Erklärung auch nicht verwunderlich, wenn Jungfrauen schwanger wurden.

Für kurze Zeit befriedigte mich eine solche Antwort, aber bald schon dachte ich mir: »Mehr soll da nicht gewesen sein? Jesus soll auf so menschliche, nicht ganz legale Weise auf die Welt gekommen sein? Wo bleibt da

Gott, der Allmächtige, der größer ist als die Welt? Was haben Sätze wie: ›Bei Gott wird kein Ding unmöglich sein‹ (Luk. 1, 37) dann noch für einen Wert? Ist Gott wirklich so klein? Wie kann ich mich ihm dann unterwerfen?«

Leider war ich so naiv, dem Lehrer soviel »Wissen« und »Weisheit« zuzutrauen, daß durch solche Lehren mein Vertrauen zu Gott verdorben wurde. Ich sah nur noch die negativen Seiten der sogenannten »Christen«. Auch meine Eltern waren nicht mehr so fromm – »alles nur Fassade gewesen, um uns klein zu halten«, dachte ich.

So wurde ich langsam mein eigener Herr – so dachte ich – denn ich kannte Satan nicht. Aber ich kannte auch Gottes unermeßliche Liebe nicht, mit der Er dem Verlorenen und Verirrten nachgeht.

Wie bereits gesagt, wuchs ich unter vier Brüdern auf und spielte auch viel mit ihnen. Unsere Eltern machten anfangs auch keine Anstalten, uns strikt nach klassischem Muster zu erziehen. Jeder konnte seine Wesensart entfalten. Meine burschikose Art wurde akzeptiert und mit einem kurzen Haarschnitt und dunkler Kleidung zum Toben unterstützt. Daher waren für mich typische Jungenspiele und kräftige Raufereien als Konfliktlösung lieber als Puppen.

Auch die ständigen Zänkereien und Petzereien unter Mädchen waren mir ein Greuel. Ich wäre in meiner Kindheit gerne ein Junge gewesen und war immer mächtig stolz, wenn ich mal mit einem Jungen verwechselt wurde.

Aber spätestens in der Pubertät mußte ich mich endgültig damit abfinden, eine Frau zu werden, und es wurde mir sehr schwer gemacht. Sah ich doch im Frau-Sein fast nur Negatives. Die körperliche Entwicklung ging mit den üblichen Beschwerden einher, in Kleidungsfragen wurden neue Maßstäbe angelegt. Keine Jeans als Mädchen – die Röcke aber auch nicht zu kurz. Ich sollte mich also wie ein altmodischer Trampel kleiden.

Ich mochte die damalige Minimode gar nicht so gerne leiden, weil man sich in den kurzen Röcken nicht so ungezwungen bewegen konnte, daher hätte ich gerne Jeans getragen, die waren wenigstens robust und praktisch. Aber nein, ich sollte Röcke tragen. Doch das führte bei mir zu einer seltsamen Trotzreaktion. Wenn schon Rock, dann aber auch modischer Mini. Nach dem Verlassen des Hauses kürzte ich meine Röcke, indem ich den Rockbund umkrempelte.

Auch im Haushalt mußte ich nun mehr helfen und auf dem Mädchengymnasium konnte man nur langweilige Sachen machen, Handarbeiten – welch ein Graus!

Aber irgendwie mußte ich mich zurechtfinden, also legte ich mir langsam Verhaltensweisen zu, die als typisch weiblich galten, um z.B. mit Kleidung und Frisur Wirkung zu erzielen.

Von Freundinnen und Zeitschriften ließ ich mir Wünsche einreden, die ich gar nicht hatte. Als erstes brauchte man mit 14 Jahren einen Freund. Und das schien unmöglich, denn ich hatte weder eine Pfirsichhaut – sondern Pickel, die sich auch mit keinem Rezept vertreiben ließen – noch durfte ich mir meine Haare richtig wachsen lassen oder hatte das Geld für eine richtige Frisur. Auch die allerneueste Mode durfte und konnte ich nicht mitmachen. Außerdem trug ich eine starke Brille und bekam zu allem Übel auch noch eine Zahnspange. Nach Bravo war ich eigentlich ein hoffnungsloser Fall, und so blieben mir nur Musik- und Filmstars als Ersatz.

Zur gleichen Zeit etwa begannen meine Eltern, besonders meine Mutter, mich vor dem männlichen

Geschlecht zu warnen. Mir wurde immer deutlicher: »Wir armen Frauen! Alle Männer wollen nur das Eine, Böse, Schlimme. Und wehe, du läßt dich mit 'nem Mann ein, das kann Folgen haben. Die Dummen sind immer die Frauen. Männer können sich verdrücken. Außerdem: Kinder kriegen und aufziehen ist die undankbarste Aufgabe in der Welt – nur Schmerzen und Verzicht!«

Meine Mutter, die durch die Geburten leider sehr krank geworden war, erzählte mir sehr häufig, daß sie, wenn sie noch einmal beginnen könnte, nicht wieder heiraten und Kinder haben wollte.

Welch traurigen Zeiten ging ich da entgegen! Nichts war da, was mir Mut gemacht hätte und kein Hoffnungsschimmer zu erkennen.

Ich kannte auch keine ältere Frau, die zufrieden war mit ihrer Rolle. Ich hatte den Eindruck, als seien sie alle durch Ehe und Familie kaputtgemacht worden.

So kam ich eines Tages zu der Überzeugung: »Ich werde nie heiraten und nie Kinder bekommen.«

Wie reagierten meine Eltern darauf? »Du bist nicht normal. Jede gesunde Frau sehnt sich im Innersten nach Mann und Kindern.«

Ich dachte: Das ist ja zum verrückt werden! Jahrelang höre ich das Gegenteil und habe angenommen, was mir gesagt wurde und nun dieses!

Ich hatte keinen Menschen, der mir sagen konnte, daß es auch schön ist, als Frau zu leben. Nur Zeitungen und Filme hatte ich als »Hilfe«. Und die einschlägigen Zeitschriften machten mir klar, daß die Eltern alle keine Ahnung haben, weil sie es selber nicht besser wissen oder der Jugend nichts gönnen wollen. Dabei sei es so schön auf der Welt, man müsse nur nach eigenen Wünschen und Maßstäben leben.

Die »eigenen« Maßstäbe wurden gleich mitgeliefert

für den Fall, daß man noch keine oder etwa die verkehrten hatte! Und ganz raffiniert wurde ich eingesponnen in dieses Netz: »Ja, junges Mädchen, gib dich nicht weg an irgendeinen Jungen, warte bis du bereit bist, dich an einen zu binden. – Aber wie, du bist bald 15 Jahre und hast keinen Freund? Dann ist's höchste Zeit, sonst bleibst du vielleicht für immer allein. Früh übt sich . . .«

Und ich habe diese Lügenlogik nicht durchschaut in meiner Angst und Hilflosigkeit. Ich wollte einen Freund haben!

Kurz vor meinem 15. Geburtstag traf ich dann einen Jungen, der mich wohl auch mochte. Meine Absicht war es nicht, wie bei vielen Mädchen, mal für 14 Tage mit einem Jungen »zu gehen«, sondern ich war bereit, eine Freundschaft mit Tiefgang einzugehen.

Sexuelle Bedürfnisse hatte ich gar keine, das merkte ich, als der Junge zudringlich wurde. Und ich dachte immer, dieses Sehnen nach Geborgenheit, Zufriedenheit und Frieden würde körperliches Verlangen mitbeinhalten. So war's doch immer in Bravo und auch bei Freundinnen. Aber bei mir war keine Spur davon. Das erzählte ich auch diesem Jungen. Mir genügten Spaziergänge und Gespräche, aber ihm nicht, und ich machte mit, einfach um ihn nicht zu verlieren, obwohl ich Ekel empfand. Denn auch das wußte ich gut Belesene: »Nicht zu zickig anstellen, sonst gehen die Jungen!«

So hatte er bald seinen Triumph: »Siehste, was hast du erzählt, ganz am Anfang, von wegen sauberhalten und warten bis später . . . es kommt ganz anders als man denkt.«

Innerlich war ich empört, aber ich schwieg, in der heißen Hoffnung, daß sich bald was ändern und ich »normal« werden würde. Es änderte sich aber nichts. Und bald verdrückte er sich ganz heimlich, weil er ja meine innere Abneigung immer mehr spürte und ich ihm auch nicht alles erlaubte. Ich traf ihn einige Monate später zufällig wieder. Er tat so, als sei nichts gewesen, und weil er gerade frei war, machte er wieder Angebote . . . !

Das war mir allerdings doch zuviel und mir dämmerte, daß meine Eltern vielleicht doch recht hatten . . .

Leider genügte mir diese Warnung nicht. Das Sehnen und die Leere mußten doch gefüllt werden. Natürlich nur von Jungens. Ich traf einige und machte immer die gleiche Erfahrung: Alle wollten nur das Eine und das so schnell, daß ich meist noch am gleichen Tag einen Rückzieher machte. Aber jede Erfahrung schmerzte und verletzte mich. Innerlich wurde ich immer verschlossener. Alle Gefühle, die aufkamen, behielt ich für mich und lebte sie allein aus.

Mit 17 Jahren lernte ich einen Jungen kennen, der mich als Person ernst nahm. Ich war wochenlang mit ihm zusammen, ohne daß er aufdringlich wurde. Wir wußten auch so genug zusammen zu unternehmen. Ich war glücklich, ohne Zwang, und eine innige Liebe hatte Zeit zu wachsen. Doch welch ein Schock! Als es zum ersten Kuß kam, kamen gleich die alten Gefühle in mir auf. Alles war zerstört! Warum nur? Dieser Junge war doch anders, so, wie ich mir immer einen Mann für das Leben vorgestellt hatte. Und da war doch auch ein Verlangen in mir. Wie kam das nur? Was war denn jetzt wieder verkehrt? Ich war so fixiert auf das Körperliche, daß die andere große Seite der Freundschaft dieses nicht aufwiegen konnte.

Der Junge bemühte sich trotzdem in sehr rücksichtsvoller Weise um mich. Er hielt sich zurück, ich merkte aber seine Traurigkeit. Das stellte mich so unter Druck, daß ich mich noch mehr verkrampfte. Und weil doch mein innigstes Verlangen war, als Frau zu »funktionieren«, ließ ich mich auf ein kurzes Abenteuer mit einem anderen ein, weil ich unter Alkoholgenuß auch einmal »Freude« empfand.

Ich dachte, ich hab's, das muß es sein! Schweren Herzens trennte ich mich von meinem Freund, den ich im Grunde genommen lieb hatte, und wandte mich diesem anderen Jungen zu, der mir vom Typ her eigentlich nicht gefiel. Aber Bravos Verheißungen klangen mir im Ohr: »Sexuelle Erfüllung zeigt dir, daß alles o. k. ist mit euch beiden.« Aber dem war nicht so. Bald schon war mir der Junge über. Ich wollte nicht mehr, weil dieses auch wieder nur eine oberflächliche Sache war. Mit dem Jungen konnte ich sonst nichts machen, höchstens das Biertrinken hätte ich von ihm lernen können. Also war ich wieder allein.

Da traf ich meinen ehemaligen Freund wieder. Wir redeten miteinander und beschlossen einen Neuanfang. Ich war überglücklich, und wir blieben ca. 2 Jahre zusammen.

In dieser Zeit – ich weiß nicht mehr wodurch – wurde die Frage nach Gott wieder in mir wach, und ich begann zu beten. Ich erzählte meinem Freund davon. Auch er war auf der Suche. Leider griff ich nicht zu meiner Bibel, es war mir einfach zu ungewohnt. Wir wandten uns der katholischen Kirche zu. Gemeinsam gingen wir jeden Samstag in den Gottesdienst, bevor wir uns anschließend in unserer Rock-Disco austobten. Er arbeitete in seinem Dorf in der Jugendarbeit mit, und ich half mit, in unserer Stadt eine Teestube für Drogengefährdete aufzubauen.

Obwohl wir schnell Mängel an der Kirche feststellten, wollten wir, ohne uns von der Kirche vereinnahmen zu lassen, an unserem Glauben festhalten.

Diese Meinung verstärkte sich noch, als wir in Düsseldorf eine Jesus-People-Gemeinde kennenlernten. Bei ihnen merkten wir wohl, daß sich das ganze Leben verändert hatte; sie waren nicht so trocken wie wir, da war mehr »Fröhlichkeit« von innen heraus: Aber ein bißchen »verrückt« waren sie schon. Ihre Augen leuchteten so, daß man sie kaum anschauen konnte und dann beteten alle durcheinander. Dieses Durcheinander steigerte sich bis zu einer Ekstase, in der dann viele aufstanden, aufsprangen, mit den Armen Verrenkungen machten . . . bis dann auf ein lautes »Amen« hin alles ruhig wurde. Außerdem versuchte man uns durch Handauflegen mit heiligem Geist zu füllen.

Ich schreibe hier meine damaligen Gedanken und Eindrücke nieder, die ich hatte, ohne damit die einzelnen Menschen verurteilen zu wollen. Ich sagte noch zu meinem Freund: »Ich kann mir jetzt gut vorstellen, weshalb die Zeitungen schreiben, diese Leute würden in dieser Form von Religiosität einen Ersatzrausch für Drogen suchen.« Nein, das war nichts für uns, dann lieber nüchtern und beim Altbewährten bleiben.

Also machten wir weiter, wo wir angefangen hatten. Aber bald holte uns die Müdigkeit und Lustlosigkeit ein, die viele engagierte Menschen befällt, wenn der Grund, auf dem sie ihr Engagement aufbauen, nicht ausreicht. Heute weiß ich, daß wir zwar die besten Absichten hatten, für Gott zu wirken, aber daß wir kaum im Glauben wachsen konnten, weil wir nicht in der Bibel lasen und auch keine Gemeinschaft mit Christen hatten.

So begannen wieder die alten Zweifel in uns hochzusteigen, wir sahen nur noch das Negative an Kirche und Glauben, so daß wir uns langsam aber sicher abwandten. Ich selber fühlte mich noch weiterhin als Christ, aber nur für mich privat, und wurde arrogant anderen gegenüber, die sich noch zu einer Kirche o. ä. hielten.

In der Teestube lernte ich dann ein Mädchen kennen, mit dem ich mich sehr eng befreundete. Auch sie war ein Mädchen, das schon von mehreren Jungen enttäuscht worden war und so solidarisierten wir uns gegen die frauenfeindlichen Männer.

Immer, wenn wir zusammenkamen, klagten wir uns unser erlittenes Leid und empörten uns über die gewaltige Diskriminierung der Frauen in aller Welt. Wir konnten uns so in Anklagen hineinsteigern, daß wir in allem, was Männer taten, frauenfeindliches Handeln sahen. Die Freundin empfahl mir auch, meine Schwierigkeiten, die ja auch noch da waren, psychotherapeutisch behandeln zu lassen.

Also suchte ich einen Psychologen auf, der mir neue Verhaltensweisen beibringen wollte. Durch tüchtiges Üben würde ich, so sagte er, dann meine Fehler »auskurieren«.

Mir kam das Ganze nicht ganz »astrein« vor. Wenn ich bis zur letzten Konsequenz über alles nachdachte, mußte ich erkennen, daß ich meine Ängste und Gefühle nicht einfach durch »neue Techniken« ersetzen konnte. Aber ich traute mich nicht, so etwas »laut« zu denken, sondern versuchte mir einzuhämmern: »Schalt dein Gehirn aus und laß die Therapie wirken.«

Und so kann eine Therapie wohl auch nur wirken. Man muß irgend etwas für schlimm und problematisch erachten, und dann versucht man anhand von neuen Verhaltensmustern und Regeln etwas Neues, Schönes dafür zu geben. Die weitere Schilderung zeigt, wie unverschämt man da mit Menschen, die in Not sind, umgeht.

Während der Therapie, die ich ja nur wegen meines Freundes begonnen hatte, verliebte dieser sich in meine Freundin, die ihm mehr geben konnte. Und ich redete mir ein, nicht einmal böse sein zu können, weil ich ja auch so eine minderwertige Frau sei! Und wer tröstete mich in dieser Nacht? Meine Freundin!

So zerstört und hilflos war ich, daß ich alles mit mir machen ließ. Und ich redete mir ein, wie toll wir drei seien, daß unsere Freundschaft so etwas tragen könne, denn ich blieb mit den beiden zusammen.

Dann kam es aber in der Therapie zu dem Punkt, daß ich »Partnerübungen« machen sollte. Der Therapeut fragte mich, ob ich es nicht mit meinem ehemaligen Freund versuchen könne, weil wir ja noch gut zueinander stünden. In mir rebellierte es: »Das ist aber wirklich zuviel! Das kann doch kein ernsthafter Vorschlag sein. Wo bleibt denn der Respekt vor deinen Gefühlen?« Eigentlich hätte ich hier abbrechen müssen, aber ich hatte schon so oft gegen mein Gewissen gehandelt, daß ich auch jetzt zu schwach war, um aufzuhören. Ich war nur fähig, diesen Vorschlag abzulehnen und zu bitten, nach einer anderen Möglichkeit zu suchen. Der Therapeut hatte auch nur noch einen ebenso miesen Vorschlag parat. Ich danke Gott dafür, daß es durch verschiedene Umstände nicht dazu kam.

Ich beendete die Therapie als »geheilt«, als ich mich 1/2 Jahr nach dem Bruch mit meinem Freund wieder verliebte und in einen überschwenglichen Glücksrausch kam. Aber auch dieser Junge nutzte mich nur aus. Weil er von meinem Problem wußte, arbeitete er zielsicher darauf hin, mir bei der »Beseitigung desselben behilflich« zu sein. Wie tausend andere Mädchen, bin auch ich darauf hereingefallen. Und ich hatte mich immer für so schlau und erfahren gehalten!

Nun saß ich da, als er mir das ganz offen und brutal sagte. Aber ich war innerlich schon zu abgestumpft, um Konsequenzen zu ziehen. Meine sofortige Reaktion war:

Was ihr Männer könnt, das kann ich schon lange. Ihr müßt uns Frauen nicht für ganz doof verkaufen!

Gestärkt durch meine Freundin und entsprechende Frauenliteratur zog ich nun aus, der Männerwelt alles Übel heimzuzahlen. Erleichtert wurde mir mein Rachefeldzug dadurch, daß ich wegen einer neuen Arbeitsstelle in ein anderes Dorf ziehen mußte. Ich hatte nun eine eigene Wohnung! Zu meinen Eltern hielt ich kaum Kontakt, weil ich die Wochenenden doch lieber selbst gestalten wollte.

Mein Plan sah so aus: Jedes Wochenende in eine Disco, dort wollte ich nach Männern Umschau halten. Ich wollte ihnen Hoffnung machen und sie dann nach Hause schicken. Falls mir einer wider Erwarten doch gefallen sollte, wollte ich mich mit ihm vergnügen.

Mir war klar, daß ich alle Werte, die ich noch für gut erachtete, und alle Überzeugungen, die ich trotz allem noch von der wahren Liebe hatte, über Bord werfen mußte. Ich mußte quasi meine Überzeugungen verleugnen, aber dieses Opfer war ich bereit zu bringen, zumal ich es ja mittlerweile gewohnt war, mich von anderen bestimmen zu lassen.

Und so tat ich an den Wochenenden im Grunde fast nur Dinge, die mir mißfielen.

Erstens: Die »Opfer« konnte ich nur in Discos finden, die mir nicht gefielen. Ich bevorzugte harte Rockmusik, aber in dieser Disco, in die ich bisher immer ging, gab es diese »Typen« nicht.

Zweitens: Ich mußte viel Zeit und Geld für Kleidung, Kosmetik und Frisur aufwenden. Eigentlich lief ich gerne in abgewetzten, geflickten Jeans, ungeschminkt und mit praktischem Kurzhaarschnitt, herum.

Drittens: Ich mußte Männer ansprechen, auf sie wirken . . . und eigentlich war ich lieber in Warteposition oder lernte einzelne in der Gruppe kennen und wollte, auch durch Gespräche und Unternehmungen mit anderen, kennengelernt werden. Und dann diese sinnlosen Thekengespräche! Und alle waren ja so rückständig! Ich wollte ihnen etwas vom rechten »Frauenbewußtsein« predigen – erntete aber nur ein kühles Lächeln.

Kein Wunder: Meine »Predigt« paßte nicht zu meiner Erscheinung. Und mein Spiel war so gefährlich!

Mein Feldzug erwies sich als eine reine Pleite, und jetzt sah ich für mich fast nur noch die eine Möglichkeit, mich ganz den Frauen zuzuwenden.

Dieser »Ausweg« wurde mir wiederum von meiner Freundin angeboten, die mittlerweile in Bielefeld studierte. Sie schilderte diese Stadt in den leuchtendsten Farben. Für Frauen ein wahres »Paradies«: Frauenzentrum, Kneipen für Homosexuelle, Frauen, die Arm in Arm durch die Stadt schlendern und keiner guckt sich um. Und Frauenliteratur zum »Weiterbilden« in rauhen Mengen.

Für mich stand sofort fest: Wenn mein Arbeitsvertrag abgelaufen ist, gehe ich nach Bielefeld.

Da wohnte ich dann bei meiner Freundin, mit der ich dann auch Beziehungen anknüpfte, »wie es sich für eine echte Frauenrechtlerin gehört«. Ich selbst war mit dem Herzen nicht dabei, aber ich ließ mein Gewissen immer wieder unter Druck setzen, weil ich keinen anderen Weg mehr sah.

Ich kam mir so frei vor und wurde doch beständig von neuen Meinungen geprägt, die mir gar nicht so behagten.

Heute wundere ich mich oft noch, wie ich solch ein gespaltenes, irrsinniges Leben ohne Drogen oder Alkohol ertragen konnte. Sehr wahrscheinlich waren die jeweils neuen Meinungen, Versuche und Wege genug Betäubung, um mich für gewisse Zeit blind zu machen.

Aber in Bielefeld brachen für mich keine »paradiesischen« Zustände an, eher das Gegenteil. Unser »Frauenglück« war bald zu Ende, nachdem ich einen Mann kennenlernte und mit ihm zusammenzog. Er paßte genau in das Bild, das die Frauenzeitungen anprangern: Egoistisch, ausbeutend, zu viel trinkend, kein Interesse für den Menschen, sondern nur für das Objekt Frau.

Ich erkannte das sehr bald und mußte mich selber für verrückt und dumm erklären, daß ich bei ihm blieb. In jedem Frauenartikel, den ich las, wurde behauptet, daß alle Männer für uns Frauen ein Fluch seien, aber ich konnte mich nicht von ihm trennen. So lebte ich acht Monate mit ihm zusammen, zerrissen von der Sehnsucht nach echter Freiheit, gequält von dem Wunsch, ernstgenommen und geachtet zu werden und in der Hoffnung auf eine bessere Zukunft.

Bis zuletzt glaubte ich ihn ändern zu können, weil ich versuchte, das Gute in ihm zu sehen, das ja nur durch Erziehung kaputt gemacht worden war. Ich rannte erst aus der Wohnung, als ich von ihm geschlagen wurde. Das war eine Demütigung! Ich hatte doch jede Frau für verrückt erklärt, die sich von einem Manne schlagen ließ! Und ich selber mußte nun lernen, wie verblendet viele Leute in ihr Unglück laufen, und dabei noch glauben, klar zu sehen.

Doch zu dieser Zeit war schon Gottes liebende Vaterhand bei mir und meine Hilfe ganz nah.

Einige Wochen vorher hatte ich mit einer Bekannten den Bibelkreis eines CVJM besucht. Wir wollten den Jungen und Mädchen mal zeigen, wo es lang geht in der Welt.

Ja, und das wollten diese jungen Leute gar nicht wissen, aber sie zeigten uns, wo es lang geht im Leben, wenn man Jesus in sein Herz aufnimmt. Das Gesprochene hatte ich schnell vergessen, aber was mir imponierte, war das Verhalten eines 16jährigen Jungen, der sich von meinen »provozierenden« Fragen gar nicht beeindrucken ließ. Er bezeugte mir ganz ruhig, freundlich und liebevoll die »Frohe Botschaft«, so daß ich anfing, mich meiner Arroganz zu schämen. Und dieser Bibelkreis fing an, mich zu interessieren.

Auch gab es in Bielefeld eine christliche Teestube. Beide besuchte ich, so oft es mir mein Dienst erlaubte. Ich merkte: Diese Leute glauben an Jesus Christus als ihren Herrn und Heiland!

Ich erinnerte mich an meine Kindheit und sah, daß für diese neuen Bekannten etwas Wirklichkeit war, so wie es auch für mich einmal war. Ganz begierig, mehr davon zu hören, bekam ich von einem Arbeitskollegen eine Bibel geschenkt. Er erklärte mir auch manche Sachen, die ich bisher nicht verstand. Langsam begann sich mein Herz zu öffnen. Ich tat es bewußt langsam, da ich mich noch an die Jesus-People erinnerte und ich wußte, wenn ich mich entscheide, dann aber nüchtern und mit allen Konsequenzen. Deshalb lauschte ich aufmerksam bei den Bibelarbeiten und Gesprächen und merkte: Hier ist echtes Leben, keine Gefühlsduselei, diese Leute stehen mit beiden Beinen auf der Erde, aber lassen sich von ihr nicht so betören, wie ich es tat.

Endlich kam auch bei mir der Tag, an dem ich dann »Ja« sagte. Ich wußte, es war soweit; ich mußte es nur noch vor Gott und einem Menschen festmachen. Daher betete ich mit einem Christen im Nebenraum der Teestube. Ich bat Jesus, den Herrn, mir alle meine vielen Sünden zu vergeben und dankte Ihm für sein Werk auf Golgatha. Ich bat Ihn, mich durch Sein Wort zu lehren und mir die Einsicht zu schenken, diesem zu gehorchen, weil ich keine andere Richtschnur mehr für mein Leben haben wollte.

Und Sein Friede erfüllte mein Herz. Rachegedanken an meine letzte Bekanntschaft waren verschwunden, keine trüben Gedanken, Träume und Ängste plagten mich mehr. Ich war so froh, endlich zu Jesus gefunden zu haben und wissen zu dürfen, daß Sein Wort zählt und vollkommen ist und es kein Mensch abändern braucht, um es schmackhafter zu machen.

Der Herr mußte allerdings noch viel Geduld mit mir haben, weil alte Gedanken noch so tief verwurzelt waren, daß ich Seinem Wort nicht immer glauben und gehorchen wollte.

Bei Abschnitten der Bibel, in denen ich Benachteiligungen von Frauen vermutete, begehrte ich im Inneren gleich auf. Ich wußte, daß einige Bibelstellen in der Welt verdreht, mißbraucht und gegen Frauen verwendet werden. Da schmeichelten meinem »emanzipierten« Herzen Erläuterungen wie: »Ja damals bei den Juden, und zu der Zeit mit ihren Sitten . . .« Aber gleich kam die Traurigkeit, weil ich wußte, die Bibel hat recht und ich lehne mich auf. Doch inzwischen habe ich schon eine ganze Menge lernen dürfen.

Jetzt weiß ich: »Da ist nicht Jude noch Grieche, da ist nicht Sklave noch Freier, da ist nicht Mann und Weib; denn ihr alle seid einer in Christo Jesu« (Gal. 3, 28).

Bei Gott gibt es keine Wertunterschiede in den Geschlechtern. Er behandelt uns nicht ungerecht, wohl aber verschieden, unserem Wesen gemäß, wie Er uns geschaffen hat, eben als Mann und Frau. Er hätte ja keine zwei Geschlechter schaffen brauchen, wenn sie doch gleich wären. Nur wir Menschen wollen diese Verschiedenartigkeit aufheben und begeben uns in Zwänge, die uns knechten und unzufrieden machen. Ich durfte anhand der Bibel erkennen, wie Gott mich als Frau sieht. Und eine bessere Rolle konnte Er für mich nicht haben. Ich merkte Schritt für Schritt: wenn ich mich an Seinem Wort orientiere, erfüllt sich das, was ich in Bezug auf das Frausein gesucht habe.

Dadurch bin ich aber kein »unmündiges Weibchen« geworden, das nur hinterm Ofen sitzt und sich nichts zutraut – das war früher meine Meinung über gläubige Frauen –, nein, ich bin »Missionarin« geworden, die mitarbeiten darf im Reich Gottes.

Zwar bin ich nicht in Afrika, sondern in Bielefeld gelandet, aber ich kann hier vielen Leuten sagen, daß nur Jesu Tod am Kreuz unsere Schuld wegnimmt. Kein anderer, nichts anderes, kein selbsternanntes Opfer, keine Kirche. Nur der Herr Jesus allein!

Wenn diese »Frohe Botschaft« doch alle begreifen wollten.

In der Teestube arbeitete ich mit Winfried, meinem ehemaligen Arbeitskollegen, zusammen. Winfried war damals schon etwa 1 Jahr Christ und arbeitete voll Eifer in der Teestube und einer Jungschargruppe des CVJM mit. In dieser gemeinsamen Arbeit lernten wir uns recht gut kennen und es wuchs langsam eine Beziehung zueinander. Die Aufgaben, die uns gestellt wurden, ließen uns nicht nur auf uns selbst schauen, sondern auch merken, daß wir gemeinsam arbeiten und uns ergänzen konnten.

Wir durften sehen, wie wir schrittweise geführt wurden und unsere Liebe zueinander wuchs aus der Liebe, die Gott uns gibt.

Als wir uns verlobten, ließen wir uns nicht nur von unseren Gefühlen leiten, sondern wir wußten, daß Gott uns zusammengestellt hatte.

Wir mußten noch vieles lernen. Zum Beispiel lebten wir schon als Verlobte zusammen, als wir erkannten, daß die Bibel eine solche Beziehung vor der Ehe verurteilt. Diesen Ungehorsam einzusehen und abzulegen war wohl schwieriger für uns, als wenn wir uns gleich unter Sein Wort gestellt hätten.

1979 heirateten wir und der Leitspruch für unsere Ehe ist: ». . . einen anderen Grund kann niemand legen, außer dem, der gelegt ist, welcher ist Jesus Christus« (1. Kor. 3, 11).

Auch in »nebensächlichen« Äußerlichkeiten lernten wir mit der Zeit umdenken. Bisher konnte ein Außenstehender in Winfried mit seinem mehr als schulterlangen Haar, seinen geliebten bunten Latzhosen und unvermeidlichen Filzpantoffeln eher einen Hippie, als einen überzeugten Christen erkennen. Gott hatte viel Geduld mit uns und mit der Zeit wurde uns durch das Bibellesen klar, daß wir auch diese Überreste unseres vergangenen Lebens ablegen sollten.

Waren wir in den ersten Monaten unseres neuen Lebens begeistert von »Jesus«, so wurde uns beim Studium der Bibel deutlich, daß dieser Jesus nach Seiner Auferstehung und Himmelfahrt »Herr« genannt wurde. Weil wir Ihn liebten und Er unser Leben völlig verändert und mit Freude und Frieden erfüllt hatte, fiel es uns nicht schwer, uns Seiner Herrschaft zu unterstellen.

Unser gemeinsamer Wunsch ist nun, die Liebe Gottes, die wir so reich erfahren durften, einer hoffnungslosen und verzweifelten Generation weiterzugeben.

Alfons Böllert:

Schnaps blieb nicht das letzte Wort

Man schrieb das Jahr 1945.

Der zweite Weltkrieg mit all seinen Schrecken war vorüber. Die Spuren dieses Krieges, die Hoffnungslosigkeit, das scheinbar vergebliche Leid, die Frage nach dem »Warum« und wie es weitergehen sollte, beschäftigte jeden.

Überall Trümmer und Chaos, nicht nur in den Städten, sondern vor allem in den Herzen der Menschen. Ich erinnere mich gut an die vielen Anklagen, die ich in dieser Zeit zu hören bekam:

Wie kann Gott so etwas zulassen! –

Trotzdem waren die Kirchen plötzlich wieder voll – man suchte in der Religion eine Antwort zu finden.

Den größten Teil meiner Schulzeit verbrachte ich im Luftschutzkeller und so waren die Jahre geprägt von der Sorge um das tägliche Überleben. Ich erinnere mich gut an folgende Situation: Mit meinen Schulkameraden ging ich den 7 km langen Weg von der Schule nach Hause, weil die Transportverbindung unterbrochen war. Plötzlich hörten wir Tieflieger über uns. Wir kamen uns vor wie Kaninchen, die auf freiem Feld gejagt werden. Wir schlugen Haken, um den Schüssen aus der Bordkanone zu entfliehen. Nachdem wir unbeschadet zu Hause angekommen waren, lautete unser Kommentar: Da haben wir aber Schwein gehabt!

Auch kann ich mich noch gut erinnern, daß in den Sekunden, in denen ich um mein Leben lief, in mir die Frage auftauchte: »Was passiert, wenn plötzlich alles aus ist?« Je mehr ich dann zu Hause dieser Frage nachging, desto mehr tauchte dann eine andere Frage auf: »Was ist eigentlich ›Leben‹?« – Niemand konnte mir diese Frage beantworten, denn die Religion – besonders die, in welcher ich aufwuchs – hatte keine Antwort und konnte auch keine Antwort geben.

Damals war ich im 14ten Lebensjahr, also in einem Alter, in dem viele Fragen auftauchen. Ich lebte mit meinen Eltern in einem Dorf in der Nähe von Koblenz am Rhein. Mein Bruder war noch in Gefangenschaft und ich erlebte mit, wie Vater und Mutter sich um meinen Bruder sorgten. Bei jedem Klingeln an der Haustüre die Frage: Ist er es?

Meine Eltern waren die besten Eltern, die es gab, und ich darf bezeugen, daß ich in einem Elternhaus aufwuchs, wo wir umsorgt wurden. Alle Liebe, die ein Mensch nur geben kann, erfuhr ich durch meinen Vater und durch meine Mutter. Es tut mir weh, daß ich diese Liebe später mit Füßen getreten habe.

Ich glaube, keine Generation wurde so mit dem Tod konfrontiert wie die unsrige. Deshalb ist es verständlich, daß die Sehnsucht nach Leben in jedem von uns aufbrach. Mit dem Kriegsende tauchte ein neues Überlebensproblem auf: Der Hunger. Obwohl meine Eltern strikt dagegen waren, tat ich, was alle taten: Alles, was nicht niet- und nagelfest war, ging mit.

Zuerst machte ich mir schon Gedanken über mein Tun, aber nach und nach wurde der Diebstahl etwas Normales. Da sich unter dem Diebesgut nicht nur Eßwaren, sondern auch Alkohol befand, kam ich schon früh mit diesem Stoff in Berührung.

So entfernte ich mich innerlich immer mehr von meinen Eltern. Wie schwer muß es für sie gewesen sein, als sie sahen, daß ihr Sohn, in den sie bestimmte Hoffnungen gesetzt hatten, mehr und mehr die Verbrecherlaufbahn einschlug. Einmal auf dieser schiefen Ebene, gibt es dann kein Halten mehr.

Ein wenig versuchte ich zu bremsen, indem ich eine Lehre als Speditions- und Schiffahrtskaufmann begann. Aber da kam ich vom Regen in die Traufe. Dort wurde ich jeden Tag mit Alkohol konfrontiert – es verging kein Tag, an dem ich als Lehrling nicht ins Spirituosengeschäft fahren mußte, um Schnaps zu kaufen. Man trank dieses Zeug aus Wassergläsern, und ich merkte schnell, daß dieser Schnaps mein Image aufpolierte. Immer, wenn ich ihn trank, waren die Probleme verschwunden, und die Welt sah nicht mehr so trübe aus. Die Frage nach dem Sinn des Lebens erhielt ihre Antwort in der Flucht vor dem Leben.

In betrunkenem Zustand fuhr ich – natürlich ohne Führerschein – gegen einen Baum. Beim Aussteigen war mein erster Gedanke: »Da hast du aber Schwein gehabt.« Dennoch wurde mir in diesem Augenblick bewußt, daß es so nicht weitergehen konnte. Doch ein Zurück gab es auch nicht mehr.

Um mich herum hastete und jagte alles nach Geld. Geld ist erstrebenswert, und mit Geld kannst du dir das Leben erkaufen, das waren meine Gedanken. Trotzdem kam immer wieder die innere Stimme: »Aber was kommt danach?« So drehte sich die ganze Palette der Zeit, bis mein Blick zu dem Punkt kam: »Die letzte Stunde meines Lebens.« Irgendwann würde sie kommen, das war klar, und wieder stand diese Frage vor mir: »Was dann?«

Ich merkte schnell, daß ich mich in einem Kreis befand, aus dem ich nicht herauskommen konnte. Die Erwachsenen um mich herum hatten keine Angst. Sie schimpften nur über die so tief gesunkene Jugend. Ihre Lebenserfüllung war Arbeit und Mühe, und dann kommt sowieso irgendwann das Ende. So steht es auch heute noch auf manchem Grabstein: »Sein Leben war Arbeit und Mühe für die Seinen.« Das könnte genauso auf dem Grabstein eines Pferdes stehen. Mein Entschluß stand fest: Ich steige aus – ich will leben und sei es noch so kurz.

Durch einen sogenannten Schicksalsschlag wurde ich wiederum gedrängt, die Antwort auf die Frage nach dem Leben in der Religion zu suchen. Ich stieg mit allem Elan tief in den römisch-katholischen Mystizismus ein. Durch Meditation in Klöstern, durch Weihrauch – ja durch alles, was mein Empfinden beeinflussen konnte, versuchte ich mich zu einem höheren Wesen hinaufzuschrauben.

Ich baute mir eine religiöse Leiter mit den selbst gezimmerten Sprossen guter Werke – aber ich blieb innerlich nicht nur leer, sondern ich wurde zerrissener und durch die Selbstkasteiung ein Wrack meiner Selbst.

Die Schlußfolgerung war: Das ist nicht Leben! Also – wo kann das Leben sein? – doch nur in einer lebenspulsierenden Großstadt. So siedelte ich mit knapp achtzehn Jahren dorthin um. Um wenigstens noch in etwa die Form zu wahren, wurde ich Student der Akademie für Welthandel. Ich trug mich in die einzelnen Fächer ein, besuchte aber keine einzige Vorlesung. Die Akademie sah mich lediglich an dem Tage meiner Eintragung. Ich nahm einen Job an, dem ich wenigstens am Anfang noch nachging.

Durch meine englischen Sprachkenntnisse fand ich sehr schnell Anschluß an das amerikanische Militär. Zu der Zeit gab es viele amerikanische Nachtbars, in die man nur in Begleitung amerikanischer Soldaten hineinkam.

Alkohol kannte ich bereits, was hier in diesen Bars noch dazukam, war Rauschgift, Marihuana, ein verhältnismäßig schwaches, aber tückisches Rauschgift. Nun, um an dieses Zeug heranzukommen, brauchte man Geld. Diebstahl war für mich auch nichts Neues. Neu für mich war lediglich der Handel mit dem Rauschgift.

Mit der Zeit war ich derart in diesem Netz gefangen, daß ich mich stets auf der Flucht vor der Militärpolizei befand.

Der Tagesablauf bestand darin, tagsüber – wenn möglich – zu schlafen und nachts in die Bars zu gehen. Nun kam der Sex noch dazu. Auch hier entdeckte ich schnell, daß damit Geld zu machen war, und so interessierte mich das weibliche Wesen weniger um meiner Befriedigung, sondern um des Geldes willen. Für mich – aus der Rückschau gesehen – eines der schlimmsten Verbrechen, das ein Mensch begehen kann.

Es ist ein brutaler Sklavenhandel: Der Mensch wird zur Ware. Skrupellos ging ich über alle menschlichen Regungen hinweg, um nur an das Ziel zu kommen: »Geld«.

Die Nächte kosteten viel. Die »Freunde«, die man dringend brauchte, um gedeckt zu werden, verschlangen Unmengen. Ich hatte den Eindruck, je mehr Geld ich bekam, desto mehr brauchte ich. Ein Teufelskreis, aus dem es kein Aussteigen zu geben schien.

Aber innerlich schrie meine Seele. Ich war trotz alldem, was ich mir leisten konnte, trotz der vielen Menschen um mich herum, unendlich einsam. Ich spürte den Schmutz meines Lebens.

Ich erinnere mich, daß ich morgens aus der Bar kommend ein Bad aufsuchte, meistens am Hauptbahnhof, um die Spuren der Nacht abzuwaschen. Schlau, wie ich mich hielt, nahm ich mir eine Wohnung, in der man am wenigsten einen Verbrecher vermutete. Ich zog in das Kolpinghaus und konnte dort gut meine Schau abziehen.

Vor dem katholischen Priester brauchte ich das noch nicht einmal zu tun.

Ab 1950 verschärften sich die Polizeikontrollen, weil mehr und mehr der deutschen Polizei die Kontrolle über die Stadt Frankfurt gegeben wurde. Wir bedauerten in diesem Fall die Gründlichkeit der Deutschen. Wie es kommen mußte, ich wurde immer mehr in den Kreisen der Polizei bekannt.

Mit der Zeit verlor ich meine Ausweise, die Geldquellen versiegten, die Schulden wurden größer. Reisepaß, Personal- und Studentenausweis lagen in verschiedenen Nachtlokalen.

So suchte mich nicht nur die Polizei, sondern auch die Besitzer der Lokale. Für eine Zeit konnte ich nach Belgien ausweichen, aber auch dort war der Aufenthalt nur von kurzer Dauer. Nach meiner Rückkehr konnte ich mich in Frankfurt kaum noch auf der Straße blicken lassen. Die Kreise, in denen ich mich bewegte, wurden immer finsterer. – Verfolgt von außen und innen wollte ich Schluß machen, als mir ein amerikanischer Militärkoch das Angebot machte, mich in die Fremdenlegion zu schleusen.

Mir war wohl bewußt, was das zu bedeuten hatte. Doch ich sah keinen anderen Ausweg. Ich schrieb noch einen Brief nach Hause – mit dem kurzen Inhalt: »Ihr werdet Euren Sohn nicht mehr wiedersehen.« Welch ein Schlag das für meine Eltern und auch für meinen Bruder gewesen ist, kann man nicht schildern.

Nun hatte ich aber in dem Kolpinghaus noch einige Sachen, die ich gerne mitnehmen wollte. So schlich ich zurück, um meine Sachen zu holen. Doch der Portier entdeckte mich und sagte: »Du wirst gesucht!« Das war für mich nichts Neues, aber als er mir sagte: »Da kommt laufend ein Anruf von deinem Bruder«, wagte ich es, doch noch wenige Augenblicke zu verweilen.

Mein Bruder sagte mir am Telefon seine Hilfe zu und versprach mir telegraphisch eine hohe Geldsumme zu senden. So bewahrte mein Bruder mich vor dem Eintritt in die Fremdenlegion. Nun, was tat ich nach diesem Anruf? Ich ging ins Hotel und bestellte mir, obwohl auch dort die Schulden hoch waren, eine Flasche Sekt. Der Kellner wußte von meinen Schulden und wollte mir nichts geben. Da besaß ich auch noch die Frechheit, mich bei dem Geschäftsführer zu beschweren.

Kurze Zeit später war ich auf der Verlobungsfeier meines Bruders. Gegen 22.00 Uhr brachte er mich zum Bahnhof, aber ich ließ den Zug fahren, setzte mich in eine Taxe und fuhr wieder zur Wohnung, wo gefeiert wurde. Ich wollte die Lieben überraschen, stellte meinen Koffer vor die Haustüre und kletterte an der Mauer hoch zur Veranda. Mit einem Sprung wollte ich mich am Balkon hochziehen, doch dieser war neu verputzt und der Putz war noch frisch. So stürzte ich ab in den Garten und mit der Wirbelsäule genau auf die in den Boden gesteckten Steine.

Erst als ein Nachbar meinen Bruder darauf aufmerksam machte, daß vor der Tür ein Koffer stand, begannen sie die Suche nach mir und fanden mich im Garten. Als mein Vater sah, wie ich da lag, befahl er, mich nicht anzurühren und rief den Krankenwagen. Auch diese Leute veränderten meine Lage nicht, sondern so, wie ich fiel, wurde ich auf den OP-Tisch gelegt. Der Arzt teilte dann mit: »Doppelter Wirbelsäulenbruch, wahrscheinlich querschnittsgelähmt.«

So lag ich nun vom Kopf bis zum Fuß in Gips verpackt und konnte über mein Leben nachdenken. Vier Wochen lang hatte ich keine Reflexe in den Füßen und im Magen – war ich also doch querschnittsgelähmt? Heute erinnere ich mich, daß ich in dieser Zeit oft über Gott nachdachte.

Er war mir ein weit entfernter Gott, und ich konnte mit ihm nichts anfangen. In den Nächten, wenn ich nicht schlafen konnte, war es mir, als ob dieser Gott mir ganz nahe wäre. Doch ich war noch nicht bereit, die Schuld in mir zu suchen. Jeder andere war schuld, nur ich nicht. Ich gab sogar denen die Schuld, die sich stets in Liebe um mich sorgten.

Eines Morgens, nach der Untersuchung, sagte der Arzt: »Herr Böllert, Sie haben Schwein gehabt! Ihre Reflexe kommen zurück und nach einigen Monaten werden Sie wieder laufen können.« Trotz dieser Mitteilung wurde ich innerlich nicht froh, denn ich wußte, das war nicht mein Problem, mein Problem war viel tiefer.

Ich sah junge Menschen um mich herum, die scheinbar zufrieden ihren Lebensweg gingen: Junge Menschen, die ihr Leben in der Hand hatten, so schien es jedenfalls. Ich stellte Fragen an diese jungen Leute, die mir stets ihren Lebensweg in rosaroten Farben schilderten. Die Gespräche liefen immer ganz gut, bis wir dann an den Punkt kamen: Und was dann? Irgendwie muß das Leben doch einen tieferen Sinn haben, als eine glückliche Ehe und einen sicheren Beruf. Wenn es wirklich einen Schöpfergott gibt, dann muß doch dieser Gott in seinem Plan ein Ziel für den Menschen gehabt haben. Ich merkte, diese Menschen haben an einer Stelle aufgegeben, resigniert! Sie wollen sich nicht mit der tieferen Frage nach dem Sinn des Lebens beschäftigen.

Kurze Zeit später versuchte ich es noch einmal im Gespräch mit einem katholischen Priester. Das einzige, was er mir zu bieten hatte, war dies: »Versuch dein Leben recht und schlecht zu leben, glaube an die Kirche!

Irgendwie wird es weitergehen!« Aber mir war sofort klar: Das ist nicht die Wahrheit!

Jetzt begann ich die Menschen zu hassen, die tagtäglich zur Kirche liefen. Sie kamen mir vor wie Mastochsen, die zu ihrer eigenen Schlachtung liefen.

Nachdem man mir gesagt hatte, daß ich wieder ganz gesund würde, verschaffte ich mir nach und nach Schlaftabletten, teils gesammelt, teils abends von dem Tablett der Schwester gestohlen, um einzuschlafen und nie wieder wach zu werden. Doch mein Selbstmordversuch fiel auf. Mein Nachbar rief den Arzt, nachdem ich auf sein Rufen keine Antwort mehr gab und auch nicht mehr geben konnte. Das war für die Ärzte zu hoch. Sie meinten, sie hätten mir doch eine positive Auskunft gegeben: »Du wirst gesund!« – Und dann so etwas. Ich erzählte dem Arzt mein Problem, bekam aber keine Antwort.

Von dem Augenblick des gescheiterten Selbstmordversuches an beschäftigte mich nur eines: »Einmal wird es dir gelingen, Schluß zu machen!« Nachts kamen mir die Gedanken meiner Schuld, meines ganzen Versagens! Heute weiß ich, daß es ein Reden Satans war: »Schau mal, dein Leben ist gelaufen! Was ist noch übrig von dir? Komm, wirf den Rest doch auch noch weg!«

Die Bibel sagt: »Der Lohn der Sünde ist der Tod« (Röm. 6, 23). Satan präsentiert die Rechnung, und wenn er sich auch manchmal viel Zeit dazu läßt – einmal kommt der Augenblick in jedem Menschenleben.

Als ich aus dem Krankenhaus entlassen wurde, war ich voller Haß auf meine Umgebung, auf mich, auf alles. Mein erster Weg führte in die Kneipe. Dort einmal so richtig vollaufen lassen, alles vergessen! Doch schon während ich trank, wurde mir klar, dieses Vergessen ist nur für kurze Zeit.

Meine Eltern nahmen mich liebevoll auf, und ich nahm mir vor, etwas netter und freundlicher zu ihnen zu sein. Ich lebte eigentlich ein Doppelleben: Zuhause versuchte ich den braven Jungen zu spielen, während in den Kneipen mein altes Leben ablief. Obwohl mein ganzer Verdienst in die Gaststätten ging, reichte er nicht aus, die Zeche zu bezahlen. So mußte mein Vater auch noch diese Schulden tilgen. Wie gemein ein Mensch sein kann, habe ich an mir selbst erfahren: Als ich merkte, der Vater zahlt, machte ich noch mehr Schulden.

Nun nahm ich nochmals einen Anlauf herauszukommen, indem ich es mit Philosophie und fernöstlichen Religionen versuchte. Für kurze Zeit war der Alkohol tabu, aber was ich in dieser Zeit erlebte, möchte ich meinem ärgsten Feind nicht wünschen. Dagegen war der Alkohol ein Kinderspiel! Ich konnte keine Nacht mehr schlafen. Erst meinte ich, ich würde mich in einem Delirium befinden, aber dann stellte ich fest: »Nein, das sind die Dinge, mit denen du dich beschäftigst.«

Die Gedanken an den Selbstmord wurden immer stärker, und ich erinnerte mich an meinen ersten vergeblichen Versuch im Krankenhaus. So besorgte ich mir wieder Tabletten und ich stellte fest: mit ein wenig Alkohol hatten diese Tabletten dieselbe Wirkung wie ein Vollrausch. Nach dieser Entdeckung vergaß ich schnell die Selbstmordabsichten und begann nun wie ein Apotheker mit Medikamenten zu experimentieren.

Ein gefährliches Spiel begann. Mir machte es anfangs Spaß, auszuprobieren, wieviel Schlaf- und Schmerztabletten ich mit Alkohol vertragen konnte. Mir war klar, wenn ich die Grenze überschritt, würde ich im Krankenhaus wieder erwachen. Um das zu verhindern, ging ich in den Wald, damit mich niemand finden konnte.

So war ich nicht nur Stammkunde in der Gaststätte,

sondern auch in den Apotheken. Ließ ich einmal die Tabletten weg, begann die Hölle! Zuerst Zittern, dann Schweißausbrüche! Mit den Fingern kratzte ich die Wand ab. Oft waren die Fingerspitzen am Morgen blutig und das Blut brachte mich auf eine neue Idee: Ich nahm eine Rasierklinge und schnitt kreuz und quer meine Brust auf. Da ließ das Zittern nach, die Schweißausbrüche hörten auf. Den Ärzten war dies ein Phänomen.

Mehr und mehr sonderte ich mich von der Gesellschaft ab und wurde ein Einzelgänger. Doch in dieser ganzen Not wußte ich, es mußte irgend etwas geben, das man Leben nennt!

Ich schreibe das alles nicht, um meine Schandtaten aufzuzeigen. Welchen Ruhm sollte ich auch damit einheimsen? Denn wer gibt schon gerne sein Versagen zu und wer zeigt schon gerne seine schlechten Seiten? Ich muß dies alles schreiben, um die Wahrheit ans Licht zu bringen, aber auch um zu zeigen, wie schlau der Satan ist. Seine Taktik ist immer die gleiche: Er zeigt dir seine Angebote: Alkohol, Drogen, Sex usw.! Aber wie Seifenblasen zerplatzen sie in deiner Hand, und du suchst nach neuen. Diese Seifenblasen werden immer schillernder, aber auch immer gefährlicher. Laß dich nicht beeindrukken von den Menschen um dich herum, wenn sie auch noch so einen erfüllten und zufriedenen Eindruck machen. Sie sind alle auf dem gleichen Weg wie du. Ohne die Klärung der Schuldfrage ist es völlig gleichgültig, ob jemand in weichen Kissen oder vollgepumpt mit Drogen auf einer Parkbank stirbt. Ohne die Antwort auf die Lebensfrage ist es egal, ob du als biederer Ehemann durchs Leben gehst – oder als Verbrecher.

Mein erster Psychologe sagte mir: »Du mußt einfach vergessen und von neuem anfangen.« Aber auf meine

Frage: »Auf welchem Fundament soll ich dann wieder aufbauen?« hatte er keine Antwort. Er sagte: »Ignoriere die Schuld! Es gibt keine Sünde, das ist alles nur Einbildung.« Nun, sollte das denn alles Einbildung sein, was mich mein Leben lang quälte, was mich nicht zur Ruhe kommen ließ? Wie ein Berg stand die Schuld über mir, und sie konnte mich jeden Augenblick zermalmen. Sollte das alles Einbildung sein? Übrig blieben nur ungelöste Fragen.

Danach versuchte ich es mit Ideologien, eigentlich war es mir gleichgültig, mit welcher. In Marx und Lenin vermutete ich Menschen, welche die Antwort auf die Frage nach dem Leben gefunden hatten. Doch nach kurzem Studium merkte ich, daß sie genauso im Dunkeln tappten wie ich.

In meinem jetzigen Dienst komme ich auf der Straße mit vielen jungen Menschen ins Gespräch, die mir fast immer ihre Ziellosigkeit bekennen. Auch die Erwachsenen, die sich oft über die junge Generation beklagen, fangen an zu stottern und können höchstens einige völlig belanglose Dinge nennen, wenn man sie nach dem Sinn des Lebens fragt. Die Bibel nennt es richtig: »Ein Haschen nach Wind!«

Vor Jahren sagte mir ein junger Mann auf der Straße: »Hau ab, ich unterhalte mich lieber mit Ganoven, als mit einem religiösen Typen.« Darauf sagte ich: »Bin genau deiner Meinung, deshalb habe ich dich ja angesprochen und will mit dir reden.«

Doch nun zurück zum weiteren Lauf meines Lebens. So nach und nach ekelte mich das Leben in den Gaststätten an, und ich zog mich in die Einsamkeit zurück. Ich wollte einfach keine Menschen mehr sehen, ich haßte sie, weil niemand eine Antwort auf meine Not und auf mein Elend hatte.

In dieser Hoffnungslosigkeit und Einsamkeit baute ich mir mein eigenes kleines Reich auf, und in diesem Reich herrschte der Alkohol und die Tabletten. Ich wußte genau, was ich pro Tag brauchte, und so war mein Tagesablauf nur von dem einen Gedanken beherrscht: »Wie komme ich an meinen Stoff?«

Ich hatte die Sachen so gut versteckt, daß ich oft selbst nicht wußte, wo ich suchen sollte. Es konnte geschehen, daß ich nachts draußen im Garten mit dem Schlafanzug herumlief und im Boden nach meinen vermeintlichen Schätzen suchte. Zitternd (nicht nur vor Kälte) war ich dann glücklich, wenn ich mit dem Gefundenen wieder in mein Zimmer kam. Die Enttäuschung war groß, wenn ich nichts fand, denn ich wußte, nun kamen schlimme Stunden bis endlich die Apotheke oder ein Kiosk aufmachen würde.

Mein Arbeitgeber zeigte enorme Geduld mit mir, aber entsprechend meiner schlechten körperlichen Verfassung war auch mein Verdienst. So wurde ich ein Künstler im Betteln, besonders bei meiner Familie. Ich fand immer wieder neue Argumente, immer wieder neue Ausreden, und wenn es auch nur Pfennige waren, so war ich froh, denn ich kaufte ja den billigsten Stoff.

Schlimm wurde es, nachdem mich die Apotheken in der näheren Umgebung kannten und mir nichts mehr geben wollten. So lief ich dann oft Kilometer weit oder fuhr mit dem Fahrrad in andere Orte. Oft stand ich lange vor der Apotheke bis der Verkäufer, von dem ich wußte, daß ich ihm bekannt war, einmal nach draußen ging. Dann stürzte ich schnell hinein und versuchte es bei einem anderen Verkäufer. Kaum aus der Apotheke heraus, hatte ich schon zehn Schlaftabletten im Mund. Es schmeckte scheußlich, der Magen drehte sich förmlich um. Aber nur nicht brechen, denn dann war alles umsonst. Nun wußte ich, daß ich spätestens in einer halben Stunde mindestens acht Schmerztabletten nehmen mußte, damit die Wirkung der Schlaftabletten eine andere Richtung nehmen würde. Dann nach kurzer Zeit mindestens drei Flaschen Bier hinterher und dann war der Tagesbedarf wieder gedeckt.

Jeder kann sich ausrechnen, wie es nach kurzer Zeit mit meinem Gesundheitszustand aussah. Zu allem Überfluß wurde ich auch noch von vielen bedauert, weil die wenigsten ja wußten, woher dieses schlechte Aussehen kam.

So kam es, wie es kommen mußte, ich wurde mit einem Kreislaufkollaps ins Krankenhaus eingeliefert. Der Arzt sagte mir später: »Wir gaben für dich nichts mehr! Daß du nochmal wach wurdest, grenzt an ein Wunder.« Das war das Stichwort für mich. Trotz der Entziehungserscheinungen, die nunmehr eintraten, hatte ich Zeit, über mein Leben nachzudenken. Ich ging in Gedanken die einzelnen Stationen meines Lebens noch einmal durch und kam immer wieder auf das eine: »Wunder über Wunder!« Eigentlich müßte ich ja schon längst nicht mehr da sein! Die Redensart »Schwein gehabt« schien mir doch für dies alles zu billig zu sein.

Wieder kam bohrend die Frage: »Ist da nicht doch ein höheres Wesen, das seine Hand über dich hält? Ist da nicht doch ein Schöpfer, der dich in seine wunderbaren Pläne mit einbezogen hat? Hat dieser Schöpfer nicht doch noch einen Plan, einen Sinn für dein Leben?«

Vor meinem Krankenhausfenster stand ein Baum. Immer wieder mußte ich dahin schauen. Sollte das alles Zufall sein, wie er in seiner ganzen Blütenpracht da stand, sollte nicht hinter diesem wunderbaren Gebilde ein Schöpfer sein?

Nun, wenn dieser Schöpfer so viel von seiner Liebe

und Größe in diesem Baum zeigt, sollte er sich dann nicht auch mit mir beschäftigen, der ich doch als Mensch für ihn weit wichtiger sein müßte?

In diesen Tagen war ich der Erfüllung meiner Herzenssehnsucht sehr nahe. Ich versuchte auch zu beten, denn ich wollte mich diesem Gott in der mir bekannten religiösen Art und Weise nähern. Ich versprach, mich zu bessern, obwohl ich sofort erkannte: »Es ist unmöglich!«

Nachts wurde ich oft wach. Es war mir, als ob ich eine schwere Last mit auf einen Berg schleppen müßte. Immer wieder: »Du schaffst es nicht! – Wohin mit deiner Schuld?« Dann versuchte ich, die Schuld abzuwälzen. Ich teilte meine Schuld auf: Der Gesellschaft gab ich einen Teil, meiner Umgebung, die ja meiner Meinung nach wirklich schuld war, gab ich den anderen Teil. In jedem und in allem suchte ich die Schuld, nur nicht in mir!

Nach einigen Wochen war ich dann wenigstens körperlich wieder soweit hergestellt, daß ich mit den besten Vorsätzen nach Hause konnte. Erstaunlicherweise schaffte ich den Anschluß an die Gesellschaft. Ich suchte mir Freunde und lebte eigentlich ganz normal mit ihnen in den Tag hinein. Die Tabletten ließ ich weg und versuchte, mit wenig Alkohol über die Runden zu kommen. Nun, mit wenig Alkohol fällt man ja nicht auf, das gehört ja heute zum guten Ton.

An einem Abend ging ich mit meinen Freunden tanzen und lernte ein Mädel kennen, das mir sofort gefiel, und auch sie schien mir nicht abgeneigt zu sein. Einige Tage trafen wir uns, aber da kamen wieder die alten Ganoven und nahmen mich ganz in Beschlag. Als Deckmantel beschäftigte ich mich mit der Politik. So war ich wenigstens ein angesehener Alkoholiker.

Doch weil mich das Ganze mit der Zeit auch anekelte, stieg ich auch dort aus. Genau ein Jahr war vergangen, da sah ich an einem Abend das Mädel wieder, und wir begannen eine Freundschaft.

Jeder Mensch hat mehr oder weniger schauspielerisches Talent, so auch ich. Es gelang mir, meine neue Umgebung zu täuschen, besonders meine Freundin. Im Rheinland liebt jeder einen fröhlichen Typ. Wenn ich meinen Alkohol hatte, war ich ein guter Gesellschafter mit immer neuen Einfällen. So hatte eigentlich niemand Einwände, als ich meine Freundin heiraten wollte. Wir heirateten im Jahre 1957 an einem stürmischen Novembertag. Und so wie dieser Tag war, so sollten auch die ersten zehn Ehejahre sein. Bis zu diesem Zeitpunkt hatte ich mein eigenes Leben ruiniert. Nun begann ich auch meine Frau und meine Familie mit in das Chaos hineinzuziehen.

Einige Wochen nach der Hochzeit mußte einfach die Fassade fallen, denn soviel Kraft hatte ich nicht, um mein Gesicht zu wahren. Die Kneipe wurde mein Heim, dort waren meine Freunde. Zu Hause war ich fast nur noch, um zu essen. Weil ich wenig Nahrung benötigte, war ich auch dementsprechend wenig zu Hause.

Als das erste Kind unterwegs war, hofften wir: Nun wird alles besser! Neue Aspekte öffneten sich, auch meine Frau fand wieder neue Hoffnung. Aber die Fesseln der Sucht waren stärker als ich dachte.

Eines Tages wollte ich zur Kneipe gehen, hatte aber kein Geld mehr. Ich bat meine Schwiegermutter, die mich aber zu diesem Zeitpunkt schon durchschaute, um Geld. Sie verweigerte es mir und meine Wut, die ich so bis dahin nicht kannte, steigerte sich. Ein Streit entstand. Meine Frau war im fünften Monat schwanger. Als ich merkte, daß sie sich während des Streites auf die Seite meiner Schwiegermutter stellte, schlug ich zu. Meine Frau stürzte in ihrem Zustand zu Boden. Dieses Bild werde ich nie vergessen. Wie weit kann ein Mensch kommen, daß er seine schwangere Frau zu Boden schlägt. Und das nur, um ein paar Mark für Alkohol zu bekommen. Hier merkte ich, daß die Sucht mich schon so gepackt hatte, daß ich selbst vor einem Mord nicht zurückschreckte. Die Bibel sagt: »Der Satan ist ein Mörder von Anfang an!« Einmal in den Klauen dieses Tyrannen gibt es ohne göttliche Hilfe kein Entrinnen. Er macht seine Handlanger auch zu Mördern. Erst zerstören sie ihr eigenes Leben und dann das Leben anderer. Alkohol ist sein größter Helfershelfer, um dieses Ziel zu erreichen. Wie viele Ehefrauen haben dies an ihrem eigenen Leibe schon erfahren, und wie viele müssen es täglich erfahren?

Ich half meiner Frau wieder auf, aber ich wußte, hier ist ein Bruch entstanden, den kein Mensch mehr kitten kann. Das kann eine Frau nicht verzeihen! Es ging ja nicht nur um sie, nein, sie trug ein Kind unter ihrem Herzen, für das sie ihr eigenes Leben hergegeben hätte. Nun kommt der Vater und schlägt beide zusammen.

Hatte Gott bisher in meinem Leben seine große Geduld bewiesen, so durften wir auch hier wieder ein Wunder erleben. Die Untersuchung ergab: Das Kind hatte keinen Schaden bekommen. Meine Frau war natürlich sehr froh darüber, und ich nahm ihre Freude als Vergebung an, obwohl mir klar war: diese Schuld hast du zu deinen vielen Schulden hinzugefügt.

Wenn das Gewissen überladen ist, braucht es ein Ventil. Für mich war dieses Ventil der Alkohol. Zu dieser Zeit hatte ich ein Gespräch mit einem Arzt. Wir kamen auch auf den Glauben zu sprechen. Doch wie kann jemand etwas weitergeben, bzw. Hilfe geben, wenn er selbst keine Hilfe gefunden hat. Er sagte mir: »Ich glaube nur, was ich sehe!« Ich antwortete ihm: »Aber ich weiß um die Existenz meines Gewissens, und doch kann ich es nicht sehen.« Das Argument mit dem »Nicht Sehen« kann also nicht stimmen. Es ist nicht ganz logisch, zu sagen: »Ich glaube nur, was ich sehe!«

Ich sagte dem Arzt: »Komm einmal zu mir, so gegen Morgen, wenn der Alkoholspiegel sinkt und mein Gewissen sich meldet. Dann kann ich dich von der Tatsache überzeugen, daß es ein Gewissen gibt!« Etwas Positives hatte das Gespräch: Mir wurde klar, irgend etwas in dir schreit nach Befreiung. Das Gewissen ist nur der Richter, der dir stets dein Urteil vorhält. Diesen Richter kann ich nicht so leicht beeinflussen. Es sei denn, daß ich ihn betäube mit Alkohol. Aber sofort, wenn der Alkoholspiegel nachläßt, meldet sich dieser Richter. Ich erkannte: »Es ist möglich, die ganze Welt zu betrügen, aber diesen Richter in dir kannst du nicht so leicht betrügen.«

Alkoholiker sind von Natur aus nicht unbedingt dumme Leute, obwohl sie oft so dargestellt werden. Sie sind eher raffiniert, sonst würden sie gar nicht so lange durchhalten. So konnte ich jedenfalls meinen Arzt von der Existenz eines Gewissens überzeugen. Möglicherweise hat er sich selbst einmal geprüft und sein Gewissen entdeckt. Bei einem weiteren Besuch sagte er mir: »Gut, aber es gibt nichts, für das die Medizin kein Mittel hätte, es sei denn gegen Krebs oder eine andere unheilbare Krankheit. Weißt du, wir stellen dein Gewissen kalt. Nimm einmal diese Tabletten! Du wirst merken, die machen dich ganz ruhig. Du darfst nur nicht zu viel nehmen!« Nun war ich wieder da angelangt, wo ich einmal ausgestiegen war, nur jetzt auf legalem Weg.

Zu Hause konnte ich meiner Frau sagen, ich brauche

jetzt dringend diese Tabletten und nicht zu knapp, denn wenn ich ruhig bin, dann hast du auch Ruhe. Genauso war es auf dem Büro, die Alkoholfahne war weg. Doch ich war immer high! So wurde ich nun, allerdings zum Leidwesen meines Stammwirtes, Stammkunde bei dem Arzt. Bald kam ich mir vor wie ein Versuchskaninchen. Alles, was er an Medikamenten neu bekam und das schien, gemessen an dem, was er mir mitgab, nicht wenig zu sein, sollte ich ausprobieren. Er warnte mich zwar immer, nicht zuviel zu nehmen. Aber an Hand der Menge, die er mir gab, hätte er eigentlich zu dem Resultat kommen müssen, daß ich viel zu viel nahm. Mit der Zeit wurde ich so geschult in der Zusammensetzung der Medikamente, daß ich manchem Apotheker das Wasser reichen konnte.

Im Januar 1963 wurde uns noch eine Tochter geboren. Das ließ unsere Familie für kurze Zeit ein wenig aufleben. Aber bald sollte es rapide bergab gehen mit mir und auch mit unserer Ehe. Ich brauchte meine Sucht nicht mehr verheimlichen. Ich durfte jetzt legal darüber reden. Die Krankenkasse kam mir zu Hilfe. Sie stellte fest, daß Alkoholismus eine Krankheit ist. Nun war ich gedeckt. Ich war nun ein armer kranker Mann und ließ mich bedauern, wo es nur ging. Weil ich krank war, brauchte ich auch Medizin, und die nahm ich regelmäßig zu mir: Jeden Abend eine Flasche Schnaps.

Nun begann für unsere Familie ein Wanderleben. Auch wenn ich als Speditionskaufmann gute Arbeit leistete, verlor ich dennoch manche Arbeitsstelle durch die Sucht. Nach einem Arbeitsstellenwechsel zog ich wieder in meinen Heimatort, aber es war gerade ein Jahr der Arbeitslosigkeit. Ein ganzes Jahr war ich ohne Arbeit. In dieser Zeit tat ich das gleiche, was ich schon einmal getan hatte: Ich baute mir mein eigenes Reich auf. Meine Gedanken drehten sich nur immer um »Stoff«.

Für meine Lieben war es die Hölle. Wenn ich morgens das Haus verließ, wußte niemand, ob ich nochmals lebend nach Hause kommen würde. Im Krankenhaus war ich Stammgast wegen meiner Unfälle. Einmal stürzte ich mit dem Fahrrad und lag, dem Polizeibericht nach, eine Stunde mit dem Kopf auf der Landstraße und mit dem Körper im Graben. Man fand mich und brachte mich ins Krankenhaus. Eine Spritze zur Betäubung brauchte man mir nicht zu geben, denn der Alkoholspiegel war so hoch, daß ich das Nähen am Kopf und im Gesicht nicht spürte. So war ich bei den Ärzten bekannt. Ihr Kommentar beim jeweiligen Einliefern: »Nun lebt der Lump immer noch!«

Hier möchte ich ein Ereignis erwähnen, das illustriert, wozu die Sucht fähig macht. Ich besuchte des öfteren das Grab meines Vaters. Die Nachbarn staunten darüber, sie wußten ja nicht, warum ich dies tat. Ich hatte mir nämlich unter dem Grabstein eine regelrechte Bar-Apotheke eingerichtet. So saß ich auf dem Grabstein und war in meinem eigenen Reich, oft bis in die Nacht hinein. Meine Mutter, die durch einen Schlaganfall ans Haus gebunden war, gab mir öfters Geld, um neue Blumen für das Grab zu kaufen. Doch das meiste von diesem Geld wurde in Alkohol und Tabletten umgesetzt.

Die Not und die Armut zu Hause nahm immer mehr zu. Meine Frau hatte kaum Geld, um Brot zu kaufen, geschweige denn, um etwas für die Kinder zu kaufen. Die ganze Situation ging natürlich nicht spurlos an den Kindern vorbei. Mein Sohn kam ins erste Schuljahr, aber er konnte nicht lernen. Die Aufregungen bis in die Nacht hinein machten es dem Kind unmöglich.

Nur in den wenigen Stunden des Nüchternseins

erkannte ich die ganze Not und sah meine Ohnmacht, an dieser Situation etwas zu ändern.

Nach dieser Erkenntnis faßte ich den Entschluß, endgültig meinem Leben ein Ende zu bereiten. Ich dachte dabei weniger an mich, sondern ich wollte meine Familie von der Not befreien! An dieser Stelle muß ich bekennen, welche Liebe meine Frau für mich aufbrachte, eine Liebe, die man nicht beschreiben kann.

Wie angedeutet, plante ich also meinen Selbstmord. Ich schaute mir den Speicher in unserem Haus an, prüfte die Balken, doch bei meinem geringen Gewicht brauchten sie nicht besonders tragfähig zu sein. Dann besorgte ich mir einen Strick und legte ihn neben den Balken, prüfte die Höhe, stellte einen Eimer hin, den ich dann umstoßen wollte. Ganz ruhig ging ich zurück und legte mich ins Bett.

In dieser notvollen Nacht lag ich wach und überdachte mein ganzes Leben. Alle Stationen traten vor meine Augen! Ich habe die ganze Nacht geweint, aber die Tränen nützten nichts. Die Kinder schliefen nebenan. Ob sie überhaupt schliefen? Wie viele schlaflose Nächte hatte ich meiner Frau und den Kindern bereitet! In dieser Nacht wußte ich: der Satan präsentiert dir die Rechnung. Die Bibel sagt: »Der Lohn der Sünde ist der Tod.« Der Tod ist die Bezahlung für die Sünde.

Nun war es soweit, es gab kein Zurück. Es sollte nun in die Dunkelheit, in die Finsternis hineingehen, vor der ich immer Angst hatte. Ich sollte also doch abscheiden, ohne Antwort auf meine Frage: Was ist nach dem Tod? Mein Trost war, daß ich es ja bald erfahren würde. Wenn mir hier niemand Antwort geben konnte, dann würde ich es bald selbst erfahren.

In aller Frühe ging ich auf den Speicher. Es war eine Totenstille im Haus. Die richtige Atmosphäre für mein

Tun. Ich legte den Strick, den ich vorher fest am Balken befestigt hatte, um den Hals. Total leer im Kopf und vor allem total nüchtern stellte ich mich auf den Eimer und stieß ihn um. Die Luft blieb weg und mir wurde schwarz vor Augen! Kurze Bilder des Grauens über mein Leben gingen mir durch den Kopf. Es ist möglich, daß es sogar der ganze Film meines verpfuschten Lebens war.

Doch es sollte erneut ein Wunder geschehen und zwar, wie nachher rekonstruiert, auf folgende Weise: Nachdem ich zum Speicher ging, kam kurze Zeit später mein siebenjähriger Sohn nach und sah den Vater am Strick hängen. Er konnte den Strick durchschneiden, und ich fiel zu Boden. Dann rief er meine Frau und man trug mich nach unten. Es ist unmöglich, zu beschreiben, welchen Schock mein Sohn in besonderer Weise, aber auch meine Frau durch diese Tat davontrugen.

Wie oft hören wir gerade in unserer heutigen Zeit, daß viele Menschen Selbstmord begehen oder Selbstmordversuche unternehmen. Es wird meistens angenommen, daß dies eine Kurzschlußhandlung ist. Ich weiß aber, daß es in den meisten Fällen eine geplante Handlung ist.

Für mich wurde damals deutlich, daß ein höheres Wesen meine Absicht verhindert hatte. Da meine religiösen Bemühungen gescheitert waren, mußte also dieses Eingreifen in mein Leben von diesem ›Unbekannten‹ kommen.

Ich berichtete von der übermenschlichen Liebe und Geduld meiner Frau und meiner Kinder mir gegenüber. Aber einmal ist jedes Maß voll, und so war es auch bei uns. Wir schrieben das Jahr 1967 und die Not in unserer Familie wurde immer größer. Das Arbeitslosengeld war wenig, und das meiste davon verbrauchte ich noch. Die seelische Not meiner Frau und der Kinder war auf dem Höhepunkt. Ich war nur noch ein Wrack, Gehirn, Leber und Nieren waren kaputt. Da stellte mir meine Frau ein Ultimatum. Sie sagte: »Wenn du jetzt nicht in eine längere Entziehungskur gehst, dann lasse ich mich scheiden.«

Das Wort Scheidung war für mich wie ein Alptraum. Denn ich wußte, wenn ich meine Familie verlieren würde, dann war wirklich alles aus. Ich drehte und wendete mich zwar noch hin und her, versprach nochmals, daß ich von mir aus versuchen würde, von der Sucht loszukommen. Aber alles Bitten und Betteln half jetzt nicht mehr. So ging ich mit meiner Frau zum Amtsarzt. Auf dem Wege dorthin nahm ich mir vor, eine Schau abzuziehen, damit er vielleicht die Kur nicht genehmigen würde.

Im Sprechzimmer kam es zu einer lustigen Szene. Er fragte mich, was mir so fehle. Ich sagte: »Herr Doktor, mein Magen ist nicht in Ordnung.«

»Was machen Sie denn dagegen?«

»Nun, ich trinke so am Tage drei kleine Bonekamp.«

Er fragte: »Drei kleine Fläschchen?«

»Nein, drei Packungen – das sind dann neun Stück.«

Er grinste nur und meinte: »Dann muß sich Ihr Magen ja schon aufgelöst haben.«

Er saß mir gegenüber und holte sich eine Zigarette heraus. Ich rauchte gerade und so sagte er: »Geben Sie mir doch mit Ihrer Zigarette Feuer.« Was dann geschah, war fast zum Lachen. Ich zitterte so, daß ich mit meiner Zigarette vor seinem Gesicht herumfummelte und er mit seinem Kopf dieses Fummeln mitmachte. Er lachte und sagte: »Sie sind ein Volldiplomalkoholiker!« Nun hatte ich meine Bezeichnung. Die Kur wurde genehmigt.

Am 6. Dezember fuhr ich, nachdem ich am Abend vorher nochmals so richtig vollgetankt hatte, nach Essen-Heidhausen zur Entziehungskur. Meine Frau verabschiedete sich von mir, und ich marschierte mit noch elf anderen Männern in ein sogenanntes Aufnahmerevier. Hätte ich gewußt, was auf mich zukommen würde, ich glaube, ich wäre getürmt. Der erste Abend verlief verhältnismäßig ruhig, aber am zweiten Abend sollte sich das ändern. Ich lag mit zwei weiteren Alkoholikern auf einem Zimmer. Der eine stieg am Abend aus dem Fenster und verschwand auf Nimmerwiedersehen. Sein Kommentar: »Ich habe Durst. Ich bleibe nicht in diesem Scheißladen!« Der zweite schrie mich an, nachdem er im Bett lag: »Hol sofort die Katzen und Mäuse von meinem Bett.« Ich konnte ihn einfach nicht davon überzeugen, daß nichts da war. So ging es die ganze Nacht. Die Tiere, die er auf seinem Bett tanzen sah, wechselten, darin bestand die ganze Abwechslung.

Als ich morgens in den Waschraum ging, begrüßte mich ein Rechtsanwalt und sagte: »Hast du Durst? Ich habe einen guten Schnaps hier.« Ich dachte, der spinnt! Wo will der denn hier an Schnaps kommen? Da nahm er seinen Rasierpinsel, setzte ihn an den Mund und tat so, als ob er ein Glas Schnaps trinken würde.

Nun, dachte ich, da bist du ja nochmal gut dem Delirium entgangen. Doch es sollte anders kommen und weit schlimmer als bei den anderen.

Wir standen draußen vor der Eingangstür und plötzlich stürzte ich, steif wie ein Brett, zu Boden. Ich schlug mit dem Kopf auf eine Eisenkante und man brachte mich, so steif wie ich war, auf mein Zimmer. Wie der Arzt später mitteilte, war dies ein lebensgefährlicher Deliriumsanfall, der meistens tödlich endet: Der Alkoholspiegel im Gehirn nimmt ab, Blutleere tritt ein, und in wenigen Sekunden können die Gehirnzellen absterben.

Man brachte mich noch freundlicherweise zu einem Arzt, der die Wunde nähen sollte. Doch als dieser hörte, von wo ich kam, nähte er so, daß ich besser zum Schuster gegangen wäre.

Als Alkoholiker zählt man natürlich nicht mehr als ein Glied der Gesellschaft, und das bekam ich noch in diesem halben Jahr zu spüren. Es begannen die Untersuchungen. Wir hatten einen Nervenarzt, der, so glaube ich, selbst behandlungsreif war. Nach allem, was er erlebt hatte, konnte ich ihm nicht böse sein. Ich stand unbekleidet vor seinem Schreibtisch. Zuerst sagte er: »Stellen Sie sich auf die Matte!« Eine Minute später: »Wie oft soll ich Ihnen sagen, Sie sollen sich nicht auf die Matte stellen!« Das ging dann so ein paarmal hin und her. Stundenlang wurde ich ausgequetscht nach meiner Jugend. Er sagte: »Sie hatten bestimmt eine schlechte Jugend, ein schlechtes Elternhaus!« Ich sagte: »Nein, das Beste, das man sich denken kann.« Er darauf: »Sie sind wohl verrückt! Wie können Sie mir widersprechen? Ich bin der Arzt und weiß wohl besser, wo die Anfänge Ihres Alkoholismus liegen.« »Nun ja«, sagte ich, »wenn Sie meinen, mir ist es egal, ein halbes Jahr ist ja noch nicht lebenslänglich.«

Ich rechnete damit, daß ich als Kaufmann natürlich für Büroarbeiten eingesetzt würde. Weit gefehlt, ich kam in den Schweine- und Kuhstall, um dort Raumpfleger zu spielen. Erst war ich schockiert, dann aber recht zufrieden. Denn die Kühe und Schweine waren wirklich recht nette Tiere, die wenigstens nicht so dumme Fragen stellten. Damals fand ich die Aussage richtig: »Wer die Menschen kennt, liebt die Tiere.«

So verging die Zeit mit Gruppentherapie und autogenem Training.

Nach sechs Wochen bekamen wir am Sonntagnachmittag Ausgang von 13.00 bis 17.00 Uhr. Mit gemischten Gefühlen gingen wir zum Bus und fuhren in die Stadt zum Essen. Das erste Mal wieder in der sogenannten feinen Gesellschaft, die wir alle so liebten. Die schon etwas länger in der Kur waren, schleppten uns ins nächste Café, und da ging es los mit Espresso. Ich trank so viel, daß ich zitternd und berauscht in der Heilstätte ankam.

Dort wurden wir natürlich getestet, ob auch wirklich niemand etwas getrunken hatte. Ihre Taktik war uralt, so mit: »Schauen Sie mal, ob ich was im Auge habe.« So mußte man ja nahe herankommen, auch Vivil war verdächtig!

Eine Begebenheit möchte ich noch weitergeben. Ein Mann aus unserer Gruppe stank immer nach 4711. Ich sagte: »Mensch, Rudolf, du brauchst dich doch hier nicht so einzuparfümieren. Wir sind doch unter uns.« Darauf sagte er mir: »Komm mal mit, ich zeige dir was! Ein Geheimnis, das mußt du aber für dich behalten.« Ich ging mit und bald wußte ich den Grund seines Gestankes. Er trank jeden Morgen zwei kleine Gläschen mit purem 4711. Er sagte: »Da ist doch Alkohol drin, und ich habe damit den ganzen Tag genug.« Vorher habe er Verdünnung getrunken, aber leider habe man ihn aus der Lackiererei herausgeholt, und nun komme er nicht mehr an den Stoff. Nach allem, was ich schon getan hatte in meinem Leben, war mir das doch etwas zu riskant. Nur mit Kaffee wagte ich mich an die Höchstgrenze.

Der Tag der Entlassung kam immer näher. Es war der 6. Juni. Meine Frau kam, um mich abzuholen, und ich muß sagen, eine enorme Angst packte mich, nun wieder frei in die Welt zu gehen. Denn gelernt hatte ich nichts. Nur eines wußte ich, körperlich gehst du vor die Hunde, wenn du wieder anfängst.

Denn über die Auswirkungen des Alkohols konnte ich fast, dank der Belehrungen in dieser Zeit, selbst eine Doktorarbeit schreiben. Beim Rausgehen traf ich nochmals Rudolf. Ich fragte ihn: »Nun, Rudolf, was jetzt?« Darauf er: »Alfons, zwei Worte: Hauptbahnhof – großes Bier!« Das war das Ergebnis nach einem halben Jahr harter Entziehungskur. Ein wenig taten mir die Mitarbeiter leid, denn sie hatten wirklich alles getan, was sie tun konnten, um die Kur zum Erfolg werden zu lassen.

Wir fuhren ins Rheinland zu meiner Schwiegermutter und ich ging auf die Arbeitssuche. Aber das war gar nicht so einfach. Ich mußte ja angeben, wo ich das letzte halbe Jahr verbracht hatte. Dazu kam noch, daß mein Gedächtnis total kaputt war. Ich konnte kaum bis zehn zählen, und das war eine schlechte Voraussetzung für einen Kaufmann.

Dann probierten wir es im Ruhrgebiet, weil wir dort mehr Arbeitsmöglichkeiten vermuteten. Ein Firmeninhaber wollte es auch mit mir versuchen. Meine Frau und ich schliefen im Büro und kochten auch dort. Aber ich konnte es dem Mann nicht verdenken, daß er mir nach wenigen Tagen sagte: »Herr Böllert, es ist einfach unmöglich, Sie müssen noch einmal anfangen, Zahlen zu lernen! Üben Sie, vielleicht kommt das Gedächtnis zurück!« Also weiter auf Arbeitssuche!

Nach mehreren Umzügen bekamen wir eine Wohnung, in deren Nachbarschaft das »Blaue Kreuz« ein Heim für schwere Alkoholfälle hatte. Ich muß dazu sagen, daß ich in dieser Zeit schon wieder mit Medikamenten experimentierte. Eines Abends, mehr auf Drängen meiner Frau als freiwillig, gingen wir einmal zu einer Stunde. Mir kam das alles ziemlich spanisch vor, was da erzählt wurde. Man sprach von Gott und Jesus Christus, von der Bibel. Ich dachte zwar über das Gehörte nach, aber ich vergaß alles wieder in den nächsten Tagen.

Doch war diese erste Begegnung mit den Begriffen Gott und Jesus Christus – so konnte ich später rekonstruieren – ein Anfang. Aber die Sucht hatte mich weiter im Griff. Heute weiß ich, daß der Satan sich nicht so schnell den Stuhl vor die Tür stellen läßt.

Eine Woche nach dem Besuch im »Blauen Kreuz« ging ich mehr zitternd als gehend durch die Straßen der Stadt, und ich merkte: »Ich brauche Stoff!« Was ich vorher nie versucht hatte, tat ich nunmehr. Ich ging auf einen Mann zu und bat ihn um Geld. Dieser Mann war sehr freundlich. Er strahlte etwas aus, was ich nicht kannte. Sein Gesicht ließ mich nicht los, und ich vergaß schon fast, worum ich gebeten hatte. Er schaute mich an und sagte: »Bitte, erzähl mir etwas aus deinem Leben! Du bist doch sicherlich am Ende?« Darauf sagte ich ihm: »Damit haben Sie recht, und ich glaube, Sie können mir wirklich helfen. Sind Sie so nett, und geben Sie mir doch bitte 5 DM?« Darauf sagte er: »Ich könnte dir ohne weiteres 5 DM geben, doch die wären ja schnell alle. Ich kann dir von einem Reichtum erzählen, der nie vergeht.« »Mensch«, dachte ich, »das wäre eine Sache – Geld für Stoff in rauhen Mengen.«

Ich erzählte ihm darauf aus meinem Leben. Es war alles ganz anders als bei dem Nervenarzt in der Kur. Ich schaute den Mann an und sah Tränen in seinen Augen. Mann – da weint jemand um dich! Er legte seinen Arm um mich und sonderbarerweise war ich noch nie so ruhig – nie so hoffnungsvoll! Ich klammerte mich an ihn und schrie ihn fast an: »Hör auf mit deinem Weinen! Sag mir lieber: Was ist das Leben? Was ist der Sinn des Lebens? Was kommt nach dem Tode?«

Ganz ruhig und mit einem Strahlen sagte er mir: »Jesus Christus sagt: Ich bin der Weg, die Wahrheit und das Leben, niemand kommt zum Vater denn durch mich.« Dann folgten drei Worte, die ich nie vergessen werde, Worte aus einem einfachen Herzen. Hier stand kein Arzt vor mir, kein Philosoph, kein Professor, hier stand ein einfacher Mann vor mir, der mir sagte: »Du brauchst Jesus!«

Das war zu viel! Ich weiß nicht mehr, was mit mir los war. War ich wütend? War ich getroffen? War ich ärgerlich? Egal, jedenfalls lief ich weg. Doch der Pfeil saß. Die Bibel sagt: Das Wort Gottes kehrt nicht leer zurück!

Ich lief nach Hause und erzählte von meinem Erlebnis. Doch ich sagte: »Das kann alles nicht sein! Vielleicht habe ich geträumt! Vielleicht habe ich Entzugserscheinungen!« Jedenfalls legte ich mich ins Bett, aber an Schlaf war nicht zu denken. Drei Worte gingen mir durch den Kopf: »Du brauchst Jesus!« Wer war dieser Jesus? Ich hatte doch von ihm gehört. Jedes Jahr an Weihnachten und Ostern! In der Kirche sprach man doch von ihm. Den kennst du doch, aus der Krippengeschichte und aus der Kreuzigungsgeschichte. Ja, ganz richtig. Aus der Geschichte kannte ich ihn, aber wer war er wirklich?

Wie viele Menschen gibt es heute, gerade im christlichen Abendland, die die gleiche Erfahrung gemacht haben und noch machen.

Doch dort war ein Mann, der nicht schweigen konnte von seinem Heiland. Ein Mann, der die Antwort auf die Frage des Lebens hatte, und sie auch weitergab.

Am nächsten Tag, nach einer schlaflosen Nacht, machte ich mich auf und ging durch die Straßen mit dem einen Gedanken: Den Mann mußt du wiederfinden! Lange suchte ich vergeblich. Doch dann sah ich ihn und ging auf ihn zu. Er war gar nicht überrascht, sondern machte mir eher den Eindruck, als ob er mit dieser Begegnung gerechnet hätte. Ich stellte die Frage: »Wo waren Sie die ganze Zeit?« Er antwortete: »Ich habe für dich gebetet!« Damals konnte ich das natürlich noch nicht verstehen, aber heute weiß ich, was für eine schwere Last auf ihm lag und wie er diese Last dem Herrn hingelegt hatte.

Ich ging mit ihm nach Hause, und er erzählte mir von dem Sohn Gottes, der auf diese Erde gekommen ist, um zu suchen, was verloren ist. Er erzählte mir, daß Jesus Christus für meine Schuld am Kreuz auf Golgatha gestorben ist.

Da schrie ich in meiner Not auf: »Ja, vielleicht litt Jesus Christus für alle Menschen draußen, und vielleicht starb er am Kreuz für alle anderen Menschen draußen. Aber wenn du wüßtest, welch eine Schuld ich auf mich geladen habe. Wenn du wüßtest, was für ein Typ ich bin, dann würdest du mich auf der Stelle hinauswerfen. Mich kann niemand mehr lieb haben, und mich kann auch niemand erretten.«

Aber dieser Mann warf mich nicht hinaus, im Gegenteil, mit Tränen in den Augen sagte er mir: »Gerade für dich, Alfons, starb Jesus Christus! Wenn du allein auf dieser Erde sein würdest, dann wäre er für dich auf diese Erde gekommen, um deine Schuld mit ans Kreuz zu nehmen. Um deine Sündenlast wegzunehmen, damit du zu Gott kommen kannst.«

In mir tobte es! Sollte das Unglaubliche geschehen, daß ich nun wirklich die Antwort auf meine Lebensfrage bekommen sollte? Ich sagte: »Aber schau mal, du sagst, er ist Gottes Sohn, und ich bin ein verkommener Mensch, ein Sünder, das paßt doch in keiner Weise zusammen! Um mit Gott wieder in Verbindung zu kommen, muß ich doch nun etwas tun. Ich muß mich doch bessern. Ich muß doch zuerst rein sein.« Denn das war mir klar, der heilige Gott konnte nie Gemeinschaft mit dem Sünder haben. Erst mußte die Schuldfrage geklärt werden.

Er antwortete: »Überlege mal, wie willst du denn die Schuldfrage klären?« Das war ja mein Problem! Alles religiöse Tun hat mich keinen Millimeter näher zu Gott gebracht. Im Gegenteil, in diesem ganzen Tun erkannte ich nur meine ganze Ohnmacht. Ich spürte, dieser Mann sagte die Wahrheit, obwohl ich es nicht erklären konnte, warum das so war.

Nun war da ein Haken. Ich war ja schon mit sehr vielem im Leben konfrontiert worden, und ich wollte endlich ein Fundament unter mir haben. Doch wie? Auf mein Gefühl konnte ich mich nicht verlassen. Ich brauchte ein Fundament, nicht von Menschen, sondern von Gott gemacht. Deshalb sagte ich ihm: »Freund, ich brauche aber ein anderes Fundament als mein Gefühl.«

Heute weiß ich, wie froh dieser Mann war, als ich ihm das eröffnete. Er erklärte mir, daß das Wort Gottes das einzige zuverlässige Fundament ist. Er gab mir eine Bibel in die Hand, und zum ersten Mal durfte ich selbst dieses Buch aufschlagen.

Er zeigte mir zuerst, daß ich ein Sünder bin. Nun, das war für mich eigentlich schon klar. »Denn es ist kein Unterschied, denn alle haben gesündigt und erreichen nicht die Herrlichkeit Gottes, und werden umsonst gerechtfertigt durch seine Gnade, durch die Erlösung, die in Christo Jesu ist.« (Römer 3, 23–24).

Zwei Begriffe wurden mir in dem Augenblick groß. Erstens: »umsonst« und zweitens: »durch seine Gnade«.

Wer gab mir aber die Garantie, daß er mich annehmen würde – vielleicht war meine Schuld doch zu groß? Nun las er vor: »Wenn eure Sünden wie Scharlach sind, wie Schnee sollen sie werden« (Jesaja 1, 18). Und: »Wer zu mir kommt, den werde ich nicht hinausstoßen« (Johannes 6, 37).

Ich sagte ihm: »Gut, aber schau mal, ich bin ja durch die Taufe als Säugling ein Christ. Ich bin doch kein Heide. Ich gehöre einer Religionsgemeinschaft an.«

Er ging nicht weiter darauf ein, sondern fragte: »Hast du Jesus Christus als persönlichen Heiland in dein Leben aufgenommen? Hast du dich jemals als Sünder, der seine ganze Schuld erkannt hat, vor Gott gestellt? Hast du jemals erkannt, daß du nie zu Gott kommen kannst ohne Jesus Christus?«

»Aber ich habe schon öfters das Vaterunser gebetet.«

»Hör mal, wie kannst du Gott deinen Vater nennen, ohne von Gott als Kind angenommen zu sein?« Er zeigte mir die Stelle in Johannes 1, 12: »So viele ihn aber aufnahmen, denen gab er das Recht, Kinder Gottes zu werden, denen, die an seinen Namen glauben.«

»Du bist zwar ein Geschöpf Gottes, doch nie ein Kind Gottes!« Nun, das war mir klar. Ich war so froh, daß dieser Mann Zeit hatte, um mir den ganzen Heilsplan Gottes zu erklären. Mit jedem Wort, das er mir aus der Bibel vorlas, wußte ich: Das ist die Wahrheit! So sagte ich ihm: »Ja, ich habe erkannt, daß ich ein Sünder bin, daß ich den Heiland Jesus Christus brauche, um Vergebung meiner Schuld zu bekommen. Ich will Jesus Christus als meinen Heiland und Erretter annehmen.«

Ich erinnere mich an mein Gestammel: »Sei mir Sünder gnädig, und ich danke dir für dein vergossenes Blut am Kreuz auf Golgatha. Ich danke dir, Heiland, daß ich keine Leistungen zu bringen brauche, sondern daß ich mich als Sünder in deine Gnade, in dein vollbrachtes Werk hineinwerfen darf.«

Wir saßen an diesem Tag noch lange zusammen, und er erzählte mir und las mir aus der Bibel vor. Es war mir, als wäre ich von neuem geboren, und das war ja auch die Wahrheit. Die Bibel sagt: »Es sei denn, daß jemand von neuem geboren werde, so kann er das Reich Gottes nicht sehen« (Johannes 3, 3).

Freude und Friede erfüllten mein Herz. Gott hatte mich in seiner großen Liebe, mit der er mich in Christus liebte, angenommen.

Nun war ich ein neuer Mensch! Aber nun galt es, auch als neuer Mensch zu leben. Meine Familie betrachtete dies alles erst einmal sehr skeptisch, und ich konnte sie sehr gut verstehen. Hatte ich sie doch bis dahin stets enttäuscht. Ich fand im »Blauen Kreuz« liebe Geschwister, die mir gerade in den ersten ›Schritten‹ treu zur Seite standen. Ich machte ihnen viel Mühe und Arbeit, denn meine Art war nicht die eines Lammes, wie es hätte sein sollen, sondern eher die eines störrischen Esels.

Es war nicht so, daß jetzt alle meine Probleme weg waren, aber ich hatte nun jemanden, mit dem ich über meine Probleme sprechen konnte. Ich durfte zu dem heiligen Gott »Vater« sagen und durfte wissen, daß er mir hilft.

Wie schon berichtet, war ich sehr störrisch. Ich dachte immer: Ich und Gott, wir schaffen das! Aber da war einer zuviel, und das war das Ich.

Nach wenigen Monaten wurden die Anfechtungen immer stärker. Ich vergesse nicht, wie ich wiederum zitternd an fünf Apotheken vorbeikam, doch in die sechste ging ich hinein. So ging ich dann mit dem Stoff im Leibe in die Bibelstunde und dachte, die Geschwister würden es nicht merken. Aber das war ein Trugschluß. Sie und auch meine Familie merkten an meinem ganzen Verhalten, daß etwas nicht stimmte.

Doch ich schaffte es immer wieder, nach wenigen Tagen Schluß zu machen.

1970 kam Billy Graham nach Dortmund, und ich wurde vom »Blauen Kreuz« auch als Seelsorgehelfer eingesetzt. Oh, wie stolz war ich auf mein kleines Schild, das ich tragen durfte: SEELSORGEHELFER. Das sollte mich wieder zu Fall bringen.

Ich war so stolz, daß ich, obwohl es kalt war, keinen Mantel anzog, denn sonst hätte man ja das Schild nicht gesehen. Mein ganzes Verhalten zeigte Stolz, wiederum: ICH und GOTT! Durch Gottes Gnade kamen meine Frau und mein Sohn in dieser Zeit auch zum Glauben an Jesus Christus.

Vierzehn Tage nach der Evangelisation wurde ich in einem Nervenkrankenhaus wach. Diagnose der Ärzte: »Selbstmordversuch!« Trotz allem Schweren wußte ich, nachdem ich wieder bei vollem Bewußtsein war: »Gott hat dich lieb! Denn wenn er dich zu einem solch hohen Preis erkauft hat, dann wird er dich nicht fallen lassen.« Die Schuld lag nicht bei Gott, sondern bei mir.

Eine Begebenheit aus diesem Krankenhaus möchte ich noch erwähnen: Als ich zu mir kam, war der Arzt vor meinem Bett. Er fragte mich: »Nun, was haben Sie dazu zu sagen?« Meine Antwort muß ihn sehr schockiert haben: »Gott hat mich dennoch lieb!«

An dieser Stelle möchte ich meinen Brüdern aus dem »Blauen Kreuz« für ihr vorbildliches Verhalten danken. Sie besuchten mich im Krankenhaus, obwohl ich sie doch so enttäuscht hatte. Sie sagten einfach: »Alfons, es geht weiter! Der Herr Jesus lebt!«

Das war für mich die Heilsalbe. – »Jesus lebt. Und Er wird dir weiterhelfen!«

So nach und nach kam auch wieder Leben in meine grauen Zellen. Ich konnte wieder denken und rechnen. Womit ich nie mehr gerechnet hatte, das trat ein: Ich erhielt plötzlich nicht nur einen Job, sondern eine wirklich feste Arbeitsstelle in einem großen Konzern.

Sehr rege war ich am Hauptbahnhof und auf den

Straßen im Gespräch mit Menschen. Jedoch meinte ich immer, ich könnte die Menschen überzeugen. So war natürlich klar, daß ich meine Kraft überschätzte und bis zum Jahr 1973 noch manchen Rückfall hatte. Den letzten Rückfall möchte ich genauer schildern, damit man sieht, wie schlau der Satan ist.

Wenn du Alkoholiker warst oder bist, dann gibt es für dich nur eine Hilfe: Totale Abstinenz! Laß dich nicht von noch so frommen Kreisen in Versuchung führen durch das Bibelwort: »Wen der Sohn frei macht, der ist recht frei.« Ich habe dieses Wort oft zu hören bekommen. Aber die Bibel sagt auch: »Du sollst Gott, deinen Herrn, nicht versuchen.« Wenn du auch zwanzig Jahre vielleicht nichts mehr getrunken hast, du kannst mir glauben, der erste Schluck ist genauso, als ob du gestern aufgehört hast. Deshalb gilt auch für den, der Christus angenommen hat, nicht: Du darfst nicht mehr, sondern: du brauchst nicht mehr.

Nun zu meinem Rückfall. Ich mußte zur Arbeitsstelle nach Bremen fahren, und kam natürlich an vielen Kneipen und Kiosken vorbei. An einem Morgen, ich war etwas erkältet und das Wetter war sehr naß, kam mir ein verteufelter Gedanke: Du könntest doch wenigstens wegen deiner Erkältung einen Schnaps trinken. Das tat ich am Hauptbahnhof, und nun lief alles so ab wie früher. Ich kam ins Büro, zog mich erst gar nicht aus, sondern sagte meinem Kollegen: »Ich komme gleich zurück.«

Dann ging ich in ein Geschäft und kaufte mir einen Liter Rum. Zurück in der Firma, begab ich mich auf den Speicher, wo unsere Registratur war und machte die ganze Flasche leer. Genau wie früher, ging ich an das Telefon, bestellte eine Taxe und ließ mich zur nächsten Bar fahren. Von da ab riß der Faden.

Ich kam erst wieder zu mir, als ich pudelnaß im Taxi

saß. Der Taxifahrer meinte: »Die Polizei kam und sagte: ›Fahren Sie diesen Mann nach Hause.‹« Später wurde mir auch klar, warum. Ich hatte einige Ausweise bei mir, welche die Polizei freundlicher stimmten. So kam ich nun zu Hause an. Die Enttäuschung bei meinen Lieben war natürlich sehr groß.

In dieser Nacht betete ich: »Vater, du kannst alles, nur eins nicht: Mich nicht mehr liebhaben.«

Dann las ich die Leidensgeschichte und das Sterben Jesu. Da brach ich total zusammen und sagte: »Herr, verzeih, ich habe dir ja nur mein Leben als Alkoholiker gegeben. Doch du hast ja Anrecht auf mein ganzes Leben. Jede Faser meines Herzens soll dir gehören.«

Gott hat dieses Gebet erhört. Ich weiß heute, daß eine bedingungslose Übergabe an den Herrn möglich ist. Er will nicht etwas von uns, sondern er will uns ganz.

Das hatte für mich Konsequenzen. Meine schmutzigen Bücher, mit denen ich meine ganze Gedankenwelt verseucht hatte, schlechte Schallplatten und alles, was nichts mit Gott zu tun hatte, warf ich weg. Dann begann ich auch meine Zeit konsequent dem Herrn zu geben. Der Herr antwortete sofort auf diesen Glaubensschritt, denn meine Tochter kam auch zum Glauben, und so waren wir schon ein kleines Missionsteam.

Gott schenkte uns noch einige junge Leute, und wir versammelten uns jeden Abend um die Bibel und samstags ging es hinaus in die Dörfer, um den Menschen vom Herrn zu erzählen.

Auch jetzt noch, nachdem sieben Jahre vergangen sind, ist die Straße unsere Kanzel. Oft mieten wir uns auch Gasträume, um weiterzusagen, was mir damals jener Mann sagte und was ich dir, lieber Leser, ins Gewissen brennen möchte:

»Du brauchst Jesus!«

Gabi Brand

Wie teuer ist das Glück?

Ich bin bei meiner alleinstehenden Mutter und meinen Großeltern aufgewachsen. Meinen Vater habe ich nie kennengelernt, denn meine Eltern waren nur drei Monate verheiratet, dann ließen sie sich scheiden.

Über meine Kindheit ist nicht viel zu sagen, als dieses, daß alles, was verboten war, einen besonderen Reiz auf mich ausübte.

Bereits mit zwölf Jahren hatte ich meinen ersten Freund und zwei Jahre später geriet ich in Rauschgiftkreise und machte meine ersten Erfahrungen mit Hasch.

Über die »altmodischen« Ansichten meiner Mutter und Oma konnte ich nur lachen. Oft stand meine Mutter des Nachts mit sorgenvollem Herzen am Fenster und wartete darauf, daß ihre Tochter endlich heimkehrte.

Meine erste große »Liebe« war bald vorüber und ich suchte nach einem anderen Menschen, mit dem ich glücklich sein konnte. Obwohl ich noch ein Kind war, fürchtete ich, alles zu versäumen, wenn ich die Freiheit, Liebe usw. nicht auskosten würde.

Während ich in der Schule immer mehr zurückfiel, entwickelte ich gemeinsam mit meiner Clique eine große Begabung zum Stehlen. Wir machten uns einen Spaß daraus, in Lebensmittelgeschäfte und Warenhäuser zu gehen, um dort taschenweise Schnaps und andere Genußmittel zu entwenden.

Ziemlich geschockt wurde ich allerdings dadurch, daß eines Tages die Polizei bei uns zu Hause auftauchte und meiner erschrockenen Mutter mitteilte, daß man mich ausgerechnet dort bei einem Kaufhausdiebstahl erwischt hatte, wo ich eine Lehre beginnen sollte.

In dieser Zeit – ich war immer noch vierzehn Jahre alt – passierte mir das, was ein Mädchen am meisten fürchtet. Mein Freund hatte mich sitzen lassen und in meiner Einsamkeit wurde ich von zwei Ausländern entdeckt, die ihre Chance erkannten und sich »um mich kümmern« wollten. Sie gaben vor, mich nach Hause fahren zu wollen, brachten mich aber auf ihr Zimmer und schlossen die Türe ab. In meiner Naivität und Gutgläubigkeit war ich ihnen gefolgt und hatte nun auch die erniedrigenden Folgen zu ertragen.

Ich erinnere mich gut, daß ich nach solchen und ähnlichen Erlebnissen zu Gott schrie, um Hilfe zu bekommen. Aber wenn Gott dann meine Gebete erhörte und meine Not linderte, vergaß ich Ihn, um mein altes Leben weiterzuführen. Der Mohr hatte seine Schuldigkeit getan . . .

Als ich in diesem Jahr wieder einmal von einem Freund im Stich gelassen wurde, wollte ich meinen Liebeskummer nicht länger ertragen und beschloß, meinem Leben ein Ende zu machen. Ich besorgte mir etwa 30 Tabletten und schluckte sie in der Hoffnung, nie wieder aufzuwachen.

Doch am anderen Morgen nahm ich sehr benommen und mit Gleichgewichtsstörungen zur Kenntnis, daß ich noch lebte. Ich hatte nicht auf die Tablettensorte geachtet und glücklicherweise irgendwelche mehr oder weniger harmlosen Tabletten geschluckt.

Als ich fünfzehn Jahre alt war, merkte ich, daß ich ein Kind erwartete. Mit dem werdenden Vater verstand ich mich recht gut und war überzeugt, daß er genau der richtige Mann für mein Leben wäre. Damit stand der Entschluß zu heiraten fest.

Meine Mutter gab mir den dringenden Rat, noch etwas abzuwarten, bis wir uns besser kennengelernt hätten und das Kind notfalls unehelich zur Welt kommen zu lassen. Doch diesen Rat schlug ich in den Wind, denn schließlich kannten wir uns schon vier Monate und ich war überzeugt, daß alles gut gehen würde.

Am Anfang unserer jungen Ehe sah es auch danach aus, als würde ich Recht behalten. Nachdem aber unser Sohn Dirk geboren wurde, ging es langsam aber sicher bergab.

Sicher lag das vor allem an der Tatsache, daß wir, anstatt uns um unser Kind zu kümmern, viele Abende und jedes Wochenende ausgingen, um uns in Gaststätten, Diskotheken usw. zu vergnügen. Dirk ließen wir dann bei meiner Mutter und so konnten wir unbeschwert losziehen, um unseren Lebenshunger zu stillen.

Daß ich darüber die Beziehung zu meinem Kind verlor, das mir je länger je mehr eine Last wurde, kümmerte mich wenig. Ich dachte nur an mich und meine Freiheit, die ich über alles liebte.

Glücklich wurde ich dabei nicht. Weil ich von einer unnormalen Eifersucht besessen war – mein Mann durfte mit keinem anderen Mädchen sprechen –, gerieten wir oft in Streit und deshalb dauerte es auch nicht lange, bis ich einen weiteren Selbstmordversuch unternahm.

Das Leben schien mir nicht mehr lebenswert und mein Herz war durch Eifersucht, Rebellion und Auflehnung wie ausgebrannt.

Dieses Mal suchte ich mir die Tabletten genauer aus, aber Gott wachte über mein Leben. Mein Mann fand mich bewußtlos und sorgte dafür, daß ich sofort ins Krankenhaus kam, wo ich dann später aus meiner Bewußtlosigkeit erwachte, als mir der Magen ausgepumpt wurde.

Ernüchtert und deprimiert verließ ich nach einigen Tagen das Krankenhaus, um mich wieder auf die verzweifelte Suche nach dem großen Glück zu begeben.

Unser Sohn wurde uns mit der Zeit so lästig, daß wir ihn zu meiner Tante brachten. In meinem Egoismus dachte ich nicht an die Folgen für Dirk, sondern nur an meine Befriedigung, die ich nunmehr mit Alkohol und Tabletten zu stimulieren begann.

Eines Tages war es schließlich soweit, daß unsere Ehe zerbrach. Ich hatte mich in einen Türken verliebt, den wir bei unseren häufigen Wirtshausbesuchen kennengelernt hatten. Endlich, so bildete ich mir ein, hatte ich das Glück meines Lebens gefunden. Daß ich Mann und Kind allein ließ und die Gefühle meiner Familie mit Füßen trat, störte mich wenig.

Mein Mann, der zwar labil war, aber doch für mich tat, was er konnte, versuchte alles, um mich zurückzugewinnen. Aber ich wollte nicht und das führte dazu, daß er in seiner Verzweiflung ein Leben schlimmster Art begann. Er hörte auf zu arbeiten, nahm Drogen, verwickelte sich in Schlägereien usw.

Als kurze Zeit später mein ausländischer Freund nichts mehr von mir wissen wollte und ich erfuhr, daß er in seiner Heimat bereits einem Mädchen versprochen war, erdreistete ich mich sogar, Gott anzuklagen und Ihm die Schuld für mein Unglück zu geben.

Auch zu diesem Zeitpunkt versuchte mein Mann mich wiederholt zu einem neuen Anfang zu bewegen. Aber obwohl er mir leid tat, waren in mir alle Gefühle für ihn erstorben. So blieb für mich nur das Selbstmitleid und der erneute, aber wiederum vergebliche Versuch, aus dem Leben zu scheiden.

Von nun an brauchte ich LSD, um die nüchterne

Wirklichkeit ertragen zu können und suchte doch weiter nach Liebe und Erfüllung.

Bald darauf lernte ich Hubert, meinen jetzigen Mann, kennen. Wir hatten in allen Bereichen die gleiche Lebenseinstellung mit einer Ausnahme: Während er sich für den Buddhismus interessierte, hielt ich am Christentum fest. Wenn ich auch nicht fromm sein wollte, so konnte mich keiner davon abbringen, daß Jesus Christus der Sohn Gottes und der einzige Retter der Welt ist.

Hier zahlte sich aus, daß ich in meiner Kindheit gerne in einer Kinderbibel gelesen hatte. Ich erinnere mich gut, wie ich damals unter Tränen die Kreuzigungsgeschichte las. Wenn auch der Eindruck vom Sterben des Sohnes Gottes verblaßte, in Erinnerung blieb er mir.

Nachdem wir etwa ein Jahr zusammen gelebt hatten, heirateten wir. Obwohl unsere Ehe äußerlich gesehen recht glücklich verlief, so erlangte ich doch wieder nicht die ersehnte Zufriedenheit.

Wo war das Glück zu finden? Alkohol, Drogen, Flirt, Liebe, Sexualität – alles hatte ich ausprobiert und nur einen bitteren Nachgeschmack zurückbehalten. Konnte mir niemand helfen? Meine Empfindlichkeit und Verzweiflung wuchs zu einer Depression.

Bei der kleinsten Meinungsverschiedenheit mit meinem Mann fühlte ich mich so stark angegriffen, daß ich an seiner Liebe zu mir zweifelte. Das warf ich ihm dann leidenschaftlich vor, bis ein großer Streit entstand.

Oft dachte ich nach einem solchen Streit: das ist das Ende unserer Beziehung! Es war ein Teufelskreis. Je mehr ich meinen Mann mit meinen Behauptungen und Beschuldigungen aufregte, desto mehr glaubte ich mich gerade wegen seiner Aufregung von ihm ungeliebt.

Mein Mann hatte es sehr schwer mit mir, zumal ich auch von ihm verlangte, daß er mich von meinen Depressionen befreien sollte. Er war meine letzte Hilfe, mein einziger Halt. Heute weiß ich, daß er gerade dadurch, daß er mich trotz meiner Unausstehlichkeit nicht verließ, seine Liebe unter Beweis stellte.

Doch während die innere Leere und Hoffnungslosigkeit meine Seele zerfraß – worüber auch der regelmäßige Gebrauch von LSD nicht hinwegtäuschen konnte –, begann Gott in mein Leben einzugreifen.

Eines Tages – es war um die Osterzeit – schauten wir uns einen Fernsehfilm an, der die Leidensgeschichte Jesu darstellte. Dieser Film berührte mich zutiefst. Wie damals beim Lesen meiner Kinderbibel, so kamen mir auch jetzt die Tränen. Während mein Innerstes aufgewühlt war, wußte ich auf einmal: nur von dem Gekreuzigten kann mir Hilfe kommen!

Die Folge war, daß ich ein starkes Interesse an der Bibel bekam und bald mit einem Heißhunger in diesem alten und doch so aktuellen Buch las. Dabei wurde mir immer mehr bewußt, wie gottlos und sündig mein Leben war.

Aber was konnte ich dagegen tun?

Nun, ich versuchte mich zu bessern. Ja, ich faßte den Entschluß, wie ein richtiger Christ zu leben. Bibellesen und Beten, das tat ich inzwischen, allerdings zur Kirche ging ich nicht, weil es in unserem Dorf keine evangelische Kirche gab. Doch das sollte sich bald ändern, denn wir hatten vor, an den Ort zu ziehen, wo meine Mutter mit meinem inzwischen fünf Jahre alten Sohn lebte. Bisher konnten wir nur am Wochenende Besuche machen, weil wir beide berufstätig waren. Wie ich damals als Kassiererin, meist vollgepumpt mit LSD, meine Arbeit erledigen konnte, scheint mir noch nachträglich wie ein Wunder.

Mein Mann, der sich gut mit Dirk verstand, war bereit,

ihn zu adoptieren und ich nahm mir fest vor, nach unserem Umzug regelmäßig zur Kirche zu gehen, um dann – wie ich meinte – ein richtiger Christ zu sein.

Der Kirchgang veränderte aber mein Leben ebensowenig wie alle anderen Versuche, als Christ zu leben. Deprimiert stellte ich fest, daß ich trotz aller Anstrengungen weder liebevoll noch sanftmütig sein konnte. Obwohl ich zu Gott um Hilfe schrie, blieben meine Depressionen, mein Jähzorn und meine Drogensucht. Die Notwendigkeit einer völligen Veränderung durch Jesus Christus wurde mir immer deutlicher.

Die entscheidende Lebenswende wurde dadurch eingeleitet, daß wir wieder einmal versuchten, das Rauchen aufzugeben. Immerhin rauchte jeder von uns täglich etwa 40 – 60 Zigaretten und unsere bisherigen Versuche, damit Schluß zu machen, waren jedesmal kläglich gescheitert. Deshalb schickte ich diesmal Stoßgebete zum Himmel, daß Gott es uns doch gelingen lassen möchte.

Zwei Wochen klappte es, bis folgendes passierte:

Wir waren ausgegangen und hatten wieder einmal einen über den Durst getrunken. Leicht angeheitert machten wir uns auf den Heimweg und bekamen unterwegs durch meine Schuld einen handfesten Streit. Zornerfüllt lief ich von meinem Mann weg, während er alleine mit dem Zug nach Hause fuhr. Trotzig und bockig irrte ich durch die Straßen. Ich war auf alles sauer: auf die Welt, auf meinen Mann und selbst mit Gott begann ich zu hadern: warum ließ Er diesen Streit zu?

Voller Selbstmitleid merkte ich nicht, daß ich die Schuldige war. Erst als ich etwas ruhiger wurde und zur Besinnung kam, sah ich mein Verhalten in einem anderen Licht. Nun tat es mir leid, meinen Mann so behandelt zu haben. Wo blieben jetzt meine guten Vorsätze und mein Christentum? Wieder einmal hatte ich jämmerlich versagt und wußte nicht, was ich tun sollte.

Ich schrie innerlich um Hilfe und machte mich auf den Heimweg in der Hoffnung, daß irgendwie alles wieder gut werden würde.

Es war schon sehr spät, als ich niedergeschlagen zu Hause ankam. Mein Mann schlief bereits und ich stellte als nächstes erschüttert fest, daß er wieder geraucht hatte.

Was nun in mir vorging, kann ich schwer beschreiben. Mir war es so wichtig, daß wir standhafte Nichtraucher blieben und ich hatte mich riesig gefreut, daß bisher alles so gut geklappt hatte. Doch nun hatte ich durch mein Versagen alles zerstört und übrig blieb nur ein großes Schuldgefühl, das mich beinahe erdrückte. Mir war klar: wenn jetzt nicht irgendetwas geschieht, dann muß ich verzweifeln.

Ich sah mich nun mit völlig anderen Augen, nicht mehr als den bemitleidenswerten Menschen, sondern als den größten aller Sünder. Ich hatte nicht nur diese Schuld, sondern noch ungezählte andere Sünden auf mein Gewissen geladen.

Aber nicht nur meine schlechten Taten und Verhaltensweisen, auch mein böses Wesen, meine Sündhaftigkeit stand in der ganzen Schwärze vor meinen Augen.

Völlig überführt von meiner Schuld und in dem Bewußtsein, vor Gott nichts aufweisen zu können, habe ich dann im Gebet mein Herz dem Herrn Jesus Christus ausgeschüttet und Ihn um die Vergebung meiner vielen Sünden gebeten. Ich übergab ihm mein ganzes Leben und bat Ihn, von nun an mein Leben zu regieren. Ich wollte und konnte mein altes Leben nicht mehr weiterführen.

Noch während ich betete, bekam ich die Gewißheit,

daß Gott mein Gebet erhört hatte. Ein bisher ungekannter und unerklärlicher Friede zog in mein Herz. Alles Schwere, Drückende, aller Schmerz, der mich bisher geplagt hatte, war auf einmal verschwunden. Ich erlebte buchstäblich die Verheißung Jesu: »Kommet her zu mir, alle ihr Mühseligen und Beladenen, und ich werde euch Ruhe geben« (Matth. 11, 28).

Als ich am nächsten Morgen aufwachte, erfüllte ein tiefer Friede mein Herz. Froh dankte ich meinem Herrn, dessen Gegenwart mir bewußt war. Was ich in dieser Nacht erlebte, war nichts anderes als das, was die Bibel »Bekehrung« oder »Wiedergeburt« nennt; nur war mir das zu diesem Zeitpunkt noch nicht bewußt, weil ich bisher wenig darüber gehört hatte.

Von diesem Tag an war mein Leben wie neu. Mein Herz strömte über vor Freude und ich kam mir vor wie der glücklichste Mensch auf Erden.

Von diesem Tag an habe ich nie wieder eine Depression bekommen und auch kein Verlangen mehr nach Alkohol und Drogen verspürt. Auch habe ich seitdem keine Zigarette mehr geraucht.

Zu meiner großen Freude entschied sich mein Mann sechs Wochen später auch für den Herrn Jesus.

Er hatte in meinem Leben die große Veränderung beobachtet. Während ich bisher von einer ständigen Unruhe besessen war, stellte er jetzt verwundert fest, daß ein für ihn unerklärlicher Friede mein Herz erfüllte. Er sah, mit welcher Freude und Hingabe ich in der Bibel las und dachte: entweder ist sie verrückt geworden, oder aber sie hat die Wahrheit gefunden!

Es dauerte nicht mehr lange, bis die Wahrheit auch ihn frei machte.

Unser persönliches Leben und auch unsere Ehe bekamen durch die Umkehr zu Gott einen neuen Inhalt und eine neue Richtung. Hatten wir uns bisher die Schuhsohlen abgelaufen, um ein wenig Freude und Erfüllung in den Vergnügungsorten dieser Welt zu finden, so wurden wir jetzt mit dem Verlangen erfüllt, Gott mit unserem Leben zu danken. Seine große Liebe und die Vergebung unserer vielen Sünden bewirkte in uns den Drang, auch anderen Menschen weiterzusagen, was wir erfahren hatten.

Durch das Lesen der Bibel wurde mir auch deutlich, daß ich – soweit es möglich war – meine Diebstähle usw. in Ordnung zu bringen hatte.

So ging ich zu dem Schulleiter der Schule, in welcher wir am Abschlußtag die Kasse, verschiedene Duden-Bände usw. gestohlen hatten, um diese Sache zu bekennen und zu bezahlen. Auch dort, wo wir in Geschäften gestohlen hatten und ebenso an meiner früheren Arbeitsstelle habe ich meine Schuld eingestanden. Die Bestohlenen reagierten mit Verwunderung und Freude, während ich dankbar und erleichtert aus jedem Gespräch schied.

Natürlich hielten wir nun auch Ausschau nach Christen, die von einer ähnlichen Freude und Dankbarkeit erfüllt waren. Wie selbstverständlich suchten wir diese Christen in der Kirche und waren sehr enttäuscht, als wir dort nur Menschen fanden, deren Christsein aus anerzogenen oder sich selbst auferlegten Regeln und Traditionen bestand.

Sie waren teilweise recht fromm, aber nicht froh und standen unserem Glück und unserer Freude ziemlich verständnislos gegenüber.

Später entdeckten wir eine kleine Gemeinschaft der Liebenzeller Mission. Diese schlichten, aber treuen Christen nahmen uns freudig auf und waren uns am Anfang unseres Glaubensweges eine wertvolle Hilfe.

1980 bekamen wir die Möglichkeit, nach Gummersbach zu ziehen, wo wir liebe Christen kennengelernt haben, die in den letzten Jahren aus der UDSSR ausgesiedelt sind, wo sie um des Glaubens willen viel Not, Unterdrückung und Verfolgung erlitten haben.

Hubert hat meinen Sohn Dirk adoptiert und inzwischen haben wir zwei weitere Söhne, Manuel und Samuel, bekommen. Gott hat unsere Einstellung zu Kindern positiv verändert, so daß wir sie als Geschenk und Aufgabe annehmen können.

Mit unserem Leben möchten wir Gott danken für alle unverdiente Güte und auf Den hinweisen, der am Kreuz stellvertretend für uns gestorben ist, um allen Menschen Vergebung der Sünden und damit Frieden und Freude anbieten zu können.

NACHWORT

Wozu lebe ich?

Mit diesen Lebensberichten möchten wir unseren rastlosen und von Zukunftsängsten bedrängten Mitmenschen bezeugen, daß wir durch den Glauben an den Herrn Jesus Christus Vergebung unserer Schuld, einen neuen Lebensinhalt und ein neues Lebensziel bekommen haben, so daß wir getrost und ohne Illusionen der Zukunft, die in Gottes Händen liegt, entgegensehen können.

Die Bibel sagt, daß der Mensch nicht ein Produkt des Zufalls, sondern ein Geschöpf Gottes ist. Deshalb kann auch nur Er, der uns geschaffen hat, *zuverlässige* Aussagen über unser Woher, Wohin und Wozu machen.

Gott hat den Menschen geschaffen,

- um Seine Schöpfung zu bebauen und zu bewahren (1. Mose 1, 28; 2, 15),
- um Ihn zu ehren und Ihm zu danken (Römer 1, 21),
- um Ihn zu lieben aus ganzem Herzen, ganzer Seele und mit allen Kräften und seinen Nächsten wie sich selbst (Mark. 12, 30 + 31).

Der Mensch, anfangend von Adam und Eva, hat jedoch den Herrschaftsanspruch Gottes abgelehnt, wollte sein wie Gott und sein Leben ohne Ihn und nach eigenem Gutdünken gestalten.

Sünde – was ist das?

Diese Auflehnung gegen Gott, der Anspruch, das

Leben unabhängig und in eigener Regie zu leben, ist die eigentliche Sünde des Menschen. Durch sie ist er aus der Gemeinschaft mit Gott gefallen und lebt seitdem getrennt von Ihm. Aus diesem *Zustand* der Sünde kommen dann die einzelnen sündigen *Taten*.

Durch die Sünde ist der Mensch also

- getrennt von Gott (Jesaja 59, 2)
- 'tot' in Gottes Augen (Eph. 2, 1)
- ein Feind Gottes (Römer 5, 10)
- unfähig Gott zu gefallen (Römer 8, 8)
- zur ewigen Trennung von Gott, zur ewigen Verdammnis verurteilt (Römer 6, 23).

Alle seine religiösen Kraftanstrengungen und Versuche, diese Trennung von Gott zu überwinden, scheitern an der völligen Sündhaftigkeit und Verderbtheit des Menschen. Durch die Sünde befindet er sich wie in einem Sumpf, aus dem er sich durch eigene Kraft nicht retten kann.

Wozu Jesus Christus?

Gott allein, dessen Wesen sowohl absolute Heiligkeit und Gerechtigkeit, als auch absolute Liebe und Gnade ist, konnte eine Brücke zum Menschen bauen. Er suchte und fand einen Weg um die Menschen, die Er liebte, zu retten, ohne dabei Seine Heiligkeit aufzugeben.

Gottes Gerechtigkeit forderte eine gerechte Strafe für die Sünden und so gab es nur *einen* Weg zur Errettung und Erlösung des Menschen: ein Mensch ohne Sünde mußte stellvertretend die Sünde der Menschen tragen, die sich retten lassen würden.

Dieser Mensch war Jesus Christus, der Sohn Gottes. Er kam auf diese Erde, um auf Golgatha stellvertretend unsere Sünden auf sich zu nehmen. Dort wurde der Sohn Gottes von haßerfüllten Menschen ans Kreuz genagelt und unsagbar verspottet und mißhandelt. Aber an diesem Kreuz hat Gott unsere Schuld an Jesus Christus gerichtet.

Wie ein Blitzableiter den vernichtenden Blitz auf sich lenkt und ableitet, so hat der Herr Jesus Christus den gerechten Zorn Gottes über unsere Sünden auf sich geladen und dadurch unsere Errettung möglich gemacht.

„*Welcher keine Sünde tat, noch wurde Trug in seinem Munde erfunden, der, gescholten, nicht wiederschalt, leidend, nicht drohte, sondern sich dem übergab, der recht richtet; welcher selbst unsere Sünden an seinem Leibe auf dem Holze getragen hat*" (1. Petr. 2, 22–24).

„*Den, der Sünde nicht kannte, hat Gott für uns zur Sünde gemacht, auf daß wir Gottes Gerechtigkeit würden in ihm*" (2. Kor. 5, 21).

„*Denn also hat Gott die Welt geliebt, daß er seinen eingeborenen Sohn gab, auf daß jeder, der an ihn glaubt, nicht verloren gehe, sondern ewiges Leben habe*" (Joh. 3, 16).

Darum ist Jesus Christus der einzige Weg zu Gott, die einzige Möglichkeit, mit Gott versöhnt zu werden. Er sagt von sich:

„*Ich bin der Weg und die Wahrheit und das Leben. Niemand kommt zum Vater, als nur durch mich*" (Joh. 14, 6).

„Es ist in keinem anderen das Heil; denn auch kein anderer Name ist unter dem Himmel, der unter den Menschen gegeben ist, in welchem wir errettet werden müssen“ (Apg. 4, 12).

Glauben – was heißt das?

Das Opfer Jesu Christi wird aber nicht automatisch jedem Menschen angerechnet. Die Voraussetzung für die Vergebung der Sünden ist der persönliche Glaube an Jesus Christus.

Glaube ist nicht nur ein Für-wahr-halten von Tatsachen, sondern ein überzeugtes Gott-recht-geben und völliges Vertrauen auf Gottes Zusage.

Zuerst gebe ich Gott recht, indem ich bekenne,

- daß ich ein Sünder bin,
- daß ich als gerechten Lohn für meine Sünden die ewige Verdammnis verdient habe.

Glauben heißt danach aber auch, mich einzig auf den Herrn Jesus und Sein Werk zu stützen und die zugesprochene Vergebung der Sünden dankbar anzunehmen.

Christus, der nicht lügen kann, auf dessen Wort ich mich also absolut verlassen kann, sagt:

„Wer mein Wort hört und glaubt dem, der mich gesandt hat, hat ewiges Leben und kommt nicht ins Gericht, sondern er ist aus dem Tode in das Leben übergegangen“ (Joh. 5, 24).

„Wenn wir unsere Sünden bekennen, so ist er treu und gerecht, daß er uns die Sünden vergibt und uns reinigt von aller Ungerechtigkeit“ (1. Joh. 1, 9).

Praktisch sieht das so aus:

1. Im Gebet Gott meinen sündigen Zustand und meine Sünden bekennen.
2. Gott um Vergebung bitten.
3. Gottes Zusage der Vergebung durch das Opfer Jesu Christi im Glauben annehmen und Ihm für die für mich vollbrachte Erlösung danken.
4. Jesus Christus als Herrn meines Lebens anerkennen und Ihm die Führung meines Lebens anvertrauen.

In dem Augenblick, wo ich aufrichtig zu Gott umkehre, meine Schuld bekenne und im Vertrauen auf das Blut des Herrn Jesus Seine Vergebung annehme, bewirkt Gott in mir eine „neue Geburt" (Joh. 3, 5).

Damit schenkt Gott mir unter anderem:

- Erlösung (Eph. 1, 7; 1. Petr. 1, 18–19)
- Vergebung (Eph. 1, 7; 1. Joh. 1, 9)
- Rechtfertigung (Römer 3, 23–28; 5, 1)
- Gotteskindschaft (Joh. 1, 12; 1. Joh. 3, 1)
- ewiges Leben (Joh. 3, 14–16; 5, 24; 6, 40; 10, 27–29)

Wie lebe ich als Christ?

Dieses von Gott geschenkte neue Leben muß nun genährt, gestärkt und gepflegt werden.

Kennzeichen eines gesunden Glaubenslebens:

1. Lesen und Studieren der Bibel

Die Bibel ist das verbindliche, inspirierte Wort Gottes. Sie ist der Maßstab und die Nahrung des neuen Lebens. Gott spricht durch dieses Buch zu uns und möchte uns mit dem Reichtum der ewigen Dinge und mit Seinen Gedanken und Absichten vertraut machen.

So wie unser Körper regelmäßig Speise benötigt, um wachsen und funktionieren zu können, braucht das geistliche Leben das Wort Gottes als Nahrung zu einem gesunden Wachstum (1. Petr. 2, 2; 2. Tim. 3, 15–17).

2. Beten

Gott redet durch Sein Wort zu uns und wir dürfen im Gebet zu Ihm sprechen und unseren Dank, unsere Anbetung, Bitten und Anliegen ausdrücken. Gott hört und erhört Gebet. Wir können zu jeder Zeit und in jeder Situation beten, sollten aber auf jeden Fall den Tag mit Gebet beginnen und beenden (1. Thess. 5, 17; Eph. 6, 18).

3. Gemeinschaft pflegen

Der Christ ist kein Einzelgänger sondern gehört zur Schar derer, die als Erlöste die Kirche oder Gemeinde Gottes bilden. Diese Gemeinde wird in der Bibel auch mit einem Leib verglichen, an welchem jeder von neuem Geborene ein Glied ist und eine bestimmte Aufgabe hat.

Die Gemeinschaft mit Christen, die Jesus Christus als ihren Retter und Herrn kennen und lieben und die Bibel ohne Einschränkung als alleinigen Maßstab für ihr Leben anerkennen, ist deshalb ein weiteres, wichtiges Element im Leben eines Christen (1. Kor. 12, 12; Hebr. 10, 25).

4. Den Herrn bekennen

Der Glaube soll in unseren Worten und Taten zum

Ausdruck kommen. Christsein ist keine Privatsache. Gott möchte, daß wir uns eindeutig auf Seine Seite stellen und unseren Mitmenschen durch Wort und Tat ein Wegweiser zu Jesus Christus sind.

Dieser Welt, die unseren Herrn Jesus gekreuzigt hat, dürfen wir die Frohe Botschaft von der Liebe Gottes in Jesus Christus weitersagen (Matth. 10, 32; Röm. 10, 8–10).

So sind wir nun Gesandte für Christum, als ob Gott durch uns ermahnte; wir bitten an Christi Statt: Laßt euch versöhnen mit Gott!" (2. Kor. 5, 20).

„*Seid aber jederzeit bereit zur Verantwortung gegen jeden, der Rechenschaft fordert wegen der Hoffnung, die in euch ist*" (1. Petr. 3, 15).

Wenn Sie weitere Fragen haben oder Kontakte zu überzeugten Christen suchen, helfen wir Ihnen gerne. Sie können sich an den Verlag oder auch an die Mitarbeiter dieses Buches wenden.

Die Adressen:

Alois Wagner, Auflegerstr. 18, 8000 München 83
Hildegard Weiler, Postfach 1803, 4800 Bielefeld 1
Alfons Böllert, Hiebeler Str. 1a, 8958 Füssen
Gabi Brand, Postfach 100142, 5270 Gummersbach
Wolfgang Bühne, Schoppen 1, 5882 Meinerzhagen 2

Wolfgang Bühne

DIE FESSEL DER FREIEN

TELOS-Taschenbuch
128 Seiten DM/sfr. 2.80

Wozu lebe ich? Woher komme ich und wohin gehe ich? Bin ich hineingeworfen in das Leben, zum Dasein verflucht? Gibt es eine Antwort?
Fünf junge Männer erzählen in diesem Buch aus ihrem Leben.
Kurt, der als Junge zu Hause durchbrannte und auf der Suche nach dem Abenteuer zunächst in der Fremdenlegion landete;
Willy, von Menschen ungeliebt und abgeschoben, mit entsetzlichen Kindheitserinnerungen, versucht seine Probleme im Alkohol zu ertränken;
Udo konnte die Hoffnungslosigkeit dieser Plastikgesellschaft nicht länger nüchtern ertragen und wählte den Rausch durch die Droge;
Georg, Musterknabe aus frommem Elternhaus, gerät in eine Rockerbande und verliert bald alle moralischen Maßstäbe;
Hans, geprägt von marxistisch-atheistischem Gedankengut und überzeugt, daß das Christentum wie alle Religionen nur ein Produkt der Phantasie des Menschen ist;
sie alle haben erfahren, daß nicht nur der Tod die Antwort auf unsere tiefsten Lebensfragen hat.

Die Lebensgeschichte
Wolfgang Dycks:

Dyck/Bühne:
Vom Knast zur Kanzel

TELOS-Taschenbuch 176,
93 Seiten, DM 4.80

Wolfgang Dyck, als uneheliches Kind in Berlin geboren, in Heimen und Erziehungshäusern aufgewachsen, wurde schon als Jugendlicher wiederholt straffällig und verbrachte etwa elf Jahre seines Lebens hinter Gefängnis- und Zuchthausmauern.

Durch den Kontakt zur Heilsarmee erlebte Dyck 1959 in Stuttgart seine Umkehr zu Jesus Christus, die sein Leben total veränderte. Aus dem ehemaligen Schwerverbrecher wurde nun ein leidenschaftlicher Rufer zu Jesus Christus. In Kneipen und Nachtlokalen, in Zuchthäusern und auf der Straße verkündigte er mit rastlosem Einsatz die Botschaft vom Kreuz.

Seine kompromißlose, herausfordernde Predigt wirbelte viel Staub auf. Wo er erschien, gab es Schlagzeilen in den Zeitungen und Rumor unter den Christen.

Die Beurteilungsskala der Presse reichte von »Harmloser Narr«, »Schreihals Gottes« bis »Phänomen Dyck«.

Seine ungewöhnliche Lebensgeschichte ist ein Beweis dafür, daß es bei Gott keine unmöglichen Fälle gibt.